VERLAG
RALF LIEBE

LITERARISCH-MUSIKALISCHE
PERFORMANCE

RENAN DEMIRKAN
RESPEKT

24. OKTOBER
21 UHR IM FORUM

VORVERKAUF 23,– / 17,– DM ZZGL. 10 % VVK-GEBÜHR, ABENDKASSE 27,– / 20,– DM

IN ZUSAMMENARBEIT MIT DER HEINRICH-BÖLL-STIFTUNG UND GEFÖRDERT VON DER ZEIT-STIFTUNG
DEM LAND NRW, DER STIFTUNG KUNST UND KULTUR NRW, KATJA STEILMANN, DEM WALTER-VERLAG
UND DER KUNSTHOCHSCHULE FÜR MEDIEN, KÖLN

TICKET-HOTLINE-BONN
0130 - 175 275
VORVERKAUFSSTELLE
BONNTICKET

KUNST- UND AUSSTELLUNGSHALLE DER BUNDESREPUBLIK DEUTSCHLAND
MUSEUMSMEILE BONN · FRIEDRICH-EBERT-ALLEE 4 · U-BAHN-STATION HEUSSALLEE

Renan Demirkan

Migration, das unbekannte Leben

© für den Inhalt: Renan Demirkan, www.renan-demirkan.de
© für dieses Buch: Verlag Ralf Liebe, Weilerswist Juni 2015

Lektorat: Amir Shaheen, www.shaheentext.de
Foto Umschlag: Olaf Tiedje

Herstellung: Rhein. Druck, Weilerswist

ISBN: 978-3-944566-45-0

Verlag Ralf Liebe
Kölner Straße 58
53919 Weilerswist
www.verlag-ralf-liebe.de

Inhalt

Für meine Mutter,
die immer zurück wollte zu ihren Wurzeln

für meine Tochter,
die, seit sie laufen kann, am liebsten wegfliegen möchte

für meinen Vater,
der ohne Rückfahrkarte kam und in Hannover bleiben wird

und

für meine Schwester,
die unermüdlich für ihre Familie da ist

Für all die,
die trotzdem geblieben sind

und

für die,
die noch kommen werden

Vorwort

Ich wäre die „erste öffentliche Türkin" gewesen, schrieb Özlem Topçu in der Zeit im Oktober 2011 – fünfzig Jahre nach dem Anwerbeabkommen mit der Türkei. Was sie nicht wissen konnte war, dass ich mich selbst erst hier – und das auch erst mit 25 Jahren – überhaupt als Türkin zu empfinden begann.

Denn in der Türkei und im Bewusstsein meiner Familie waren wir Tscherkessen, mit einem türkischen Pass zwar, aber kulturell, samt Sprache, Sitten, Bräuchen und Ritualen, gehörten wir nicht in die türkische Mehrheitsgesellschaft. Wir waren eine Minderheit, die drinnen Tscherkessisch sprach und draußen Türkisch.

Erst hier unterhielten sich meine Eltern durchgehend in der anatolischen Amtssprache und benutzten Tscherkessisch als eine Art Geheimcode, wenn wir Kinder nichts verstehen sollten. Anfangs sprach mein Vater sogar nur Deutsch mit uns, auch am Esstisch, damit sich diese ‚Drinnen- und Draußensprache' hier erst gar nicht entwickeln sollte.

So sprach ich sehr bald akzentfrei und empfand auch überhaupt keinen Unterschied zu meiner Umgebung, und meine Umgebung auch nicht zu mir. Bis ich auf die Bühne ging…

Damit begann – nur unwesentlich später – auch meine öffentliche Beschäftigung und Auseinandersetzung mit dem Thema Migration in all seinen Ausprägungen und Facetten. Ein Thema – eine Aufgabe! –, die mich bis zum heutigen Tag nicht losgelassen hat. Im Gegenteil.

Im Juni dieses Jahres feiere ich meinen 60. Geburtstag – mehr als die Hälfte meines Lebens, seit mehr als 30 Jahren also, schreibe, inszeniere, spiele ich Theaterstücke, halte Vorträge und Reden, schreibe Bücher, Aufsätze und Beiträge, immer und immer wieder zu dem einen Thema, das diesem Buch den Titel gegeben hat: Migration, das unbekannte Leben.

Ich bin mir bewusst, dass sich einiges in diesem Buch – teilweise bis ins Wortwörtliche – wiederholt. Wenn ich nicht müde werde, immer wieder dieselben Dinge zu sagen und so auch in diesem Buch abermals zu publizieren, so liegt das schlicht an der unveränderten Notwendigkeit, genau darauf mit genau diesen Worten immer und immer wieder hinzuweisen.

Und als hätte es eine äußere Bestätigung oder Rechtfertigung für dieses Vorgehen bedurft, finde ich, während ich diesen Band zusammenstelle, zwei Artikel, die das Dilemma, in dem unser Land steckt, auf den Punkt bringen und denen es an Eindeutigkeit und Eindringlichkeit wahrlich nicht mangelt.

stern.de schreibt am 29. Mai 2015, gestützt auf eine Studie der Wirtschaftsprüfungsgesellschaft BDO und des Hamburgischen Weltwirtschaftsinstituts (HWWI): „Deutschland hat die niedrigste Geburtenrate der Welt. Nirgendwo werden noch weniger Kinder geboren als in Deutschland. Dies ergab eine neue Langzeitstudie. In Zukunft könnte der fehlende Nachwuchs zu einem Standortproblem für die Bundesrepublik werden."

Nur einen Tag zuvor war in der *ZEIT* online zu lesen: „Wer Deutscher werden will, muss seine Familie ernähren können. Das Bundesverwaltungsgericht hat den Einbürgerungswunsch eines Palästinensers abgewiesen. Der Grund: Er könne nicht den Lebensunterhalt seiner Familie finanzieren."

Dieses Buch ist eine Zusammenfassung meiner Bemühungen als Autorin und Schauspielerin mit ,Migrationshintergrund' mitzugestalten und teilzuhaben, mich sichtbar zu machen und zu verstehen, auch aufzuklären, zu helfen, anzukommen und anzuwachsen.

Jede Einwanderergeschichte liest sich irgendwann – mehr oder weniger – wie jene der Torfstecher im Teufelsmoor vor dreihundert Jahren:

Den Eersten sien Dood, den Tweeten sien Noot, den Drüdden sien Broot.

Ich hoffe und wünsche mir, dass es den nächsten Generationen besser gelingen möge, kulturelle Verschiedenheiten respektvoller zu synchronisieren.

Renan Demirkan
Windeck, Juni 2015

Danksagung

Ich danke Ralf Liebe für seine Idee und Unterstützung, diese Zusammenstellung machen zu wollen.

Und ich danke Amir Shaheen für seine Geduld am mühsamen Lektorat. Ich danke Charlotte Liebe für die gekonnte Transkription.

Unser gemeinsamer besonderer Dank gilt Sigmar Gabriel, durch dessen Fürsprache dieser Band erst finanziert werden konnte.

Dortmunder Türkin Renan als „schönes Judenmädchen"

Dortmund. (pleu) „Selbst die schlechteste Laune verschwindet meist, wenn ich im Kostüm stecke. Mit der Maske kommt die Konzentration." Renan Demirkan, Schauspielerin der Dortmunder Städtischen Bühnen, identifiziert sich so stark mit ihren Rollen, daß sie sich „ganz mies fühlt", geht eine Aufführung daneben. Jetzt hat das Fernsehen die 28jährige Türkin entdeckt.

In dem Film „Das schöne irre Judenmädchen" spielt Renan Demirkan die Hauptrolle der Esther Lopez (ARD, 8. Februar, 20.15 Uhr). „Mich hat der Part besonders gereizt: Eine junge Frau, die sich nirgends zugehörig fühlt, sucht nach ihrer Identität. Sie durchlebt verschiedene Stadien der Selbstfindung und scheitert."

Götz Fischer hat das Judenmädchen für den Südwestfunk nach den „Biographien der Wahnsinnigen" von Christian Heinrich Spieß gedreht, die 1795/96 erstmals erschienen. Spieß gilt als „Vater des Schauerromans". Er verfolgte die Absicht, sein Publikum durch kluge Schilderung des Wahnsinns vor ähnlichem Schicksal zu bewahren – und wurde doch schließlich selbst irre.

Buch und Fernsehfilm beschreiben das Schicksal der jungen Jüdin Esther Lopez, die sich in einen Grafen verliebt. Der Krieg trennt die beiden. Als Esther erfährt, daß der Adelige eine andere geheiratet haben soll, wird sie Katholikin und geht in ein Kloster. Doch der Graf ist ledig geblieben und entführt seine Geliebte. Er gerät jedoch wegen seiner Spiel-Leidenschaft schon bald auf die schiefe Bahn und wird verhaftet. Esther, die ein Kind von ihm erwartet, landet wegen ihrer betrügerischen Flucht im Klosterkerker. Dort kommt

Engagiert: Renan Demirkan.

das Kind zur Welt. Sie verfällt dem Wahnsinn.

Renan Demirkan muß als Esther enorme Wandlungsfähigkeit beweisen. Das ist eine Gabe, die sie bei anderen Schauspielern bewundert. Sie schätzt vor allem die Theater-Darsteller Christa Berndl, Jutta Lampe, Ilse Ritter und die Filmstars Ingrid Bergmann und Anna Magnani.

Die heute 28jährige Türkin kam als Kind mit ihren Eltern aus Ankara in die Bundesrepublik. Nach dem Abitur besuchte sie vier Jahre lang in Hannover die Schauspielschule und bekam ihr erstes Engagement in Nürnberg. „Lieblingsrollen kann ich nicht nennen, ich habe Lieblingsautoren: Horvath und Brecht. Tschechow mag ich vor allem wegen seiner einfühlsamen Psychologie und Shakespeare, weil sein Theater so recht voll Saft und Kraft steckt."

In Dortmund steht die temperamentvolle Renan Demirkan in „Freiheit in Krähwinkel" von Nestroy auf der Bühne. Sie spielt eine Männerrolle, den Reakzerl Edler von Zopfen. Als Sonja kann man sie in Tschechows „Onkel Wanja" erleben. Zum Ende der laufenden Spielzeit wird sie

das Dortmunder Theater verlassen. „Ich bin an Grenzen gestoßen, und ich möchte weiterkommen."

Fast wäre sie dem Theater völlig verlorengegangen. „Als ich in Nürnberg engagiert war, wollte ich alles hinwerfen. Ich war damals sicher, daß Schauspieler nur geduldige Narren des Systems sind. Die, die die Kultur subventionieren, darf man nicht angreifen. Aber nur, weil subventioniert wird, kann man überhaupt spielen."

Renan Demirkan fand einen Weg, ihr Engagement wirkungsvoll zu zeigen. Aus Texten des türkischen Dichters Nazim Hikmet und einem eigenen Einakter gestaltete sie ihr erstes Programm. „Aber es kamen Menschen..." behandelt Ängste und Leid ausländischer Arbeitnehmer in der Bundesrepublik.

Weiter ging es mit „Worte...". Diese Geschichten und Lieder trägt sie eindringlich vor, unterstützt von sechs Musikern. Das Programm ist noch konzentrierter auf das Anderssein der Ausländer, ihre Sprachlosigkeit und fehlende Hilfen.

Die 28jährige erlebt ihre Theater-Arbeit als Beruf und Hobby zugleich. Eine Leidenschaft gibt es allerdings außerdem: Pool-Billard. „Wenn ich in die Kneipe komme, entmutigt mich gleich der Wirt mit den Worten: Du lernst es nie." Trotzdem ist Renan mit höchstem Eifer bei der Sache. Sie regt sich ganz schön auf und rollt ihre großen Augen, wenn sie die Kugeln nicht in die Löcher stößt.

Über ihr neues Bühnen-Engagement will die Schauspielerin nichts verraten. Fernsehzuschauer werden sie demnächst als Eboli in Schillers „Don Carlos" sehen. Regisseur Franz Peter Wirth verpflichtete sie vom Fleck weg, nachdem er vorab eine TV-Kassette vom „Judenmädchen" angeschaut hatte. Die Dreharbeiten beginnen nächste Woche in München. Dortmunds Filmemacher Adolf Winkelmann holte Renan für „Super" vor die Kamera. Der Streifen soll im April in den Kinos anlaufen.

Zuhause in der Zukunft – ein Rückblick

Ich hatte das große Glück, 1980, direkt nach meinem Diplom an der Hochschule für Musik und Theater in Hannover, in Nürnberg engagiert zu werden und dort im jungen Charakterfach mit wirklich wunderbaren Rollen besetzt zu werden. Doch egal was ich spielte, die Presse umschrieb meine Arbeit in jeder Kritik mit der Ornamentik meiner Herkunft – „die türkische" – so dass ich mich irgendwann selbst zu fragen begann: Wen meinen die damit? Bin ich das? Und wenn ja, wieso war das bislang kein Thema? Also wer bin ich? Und was bin ich? Werde ich hier – in meiner gefühlten Heimat – je unterschiedslos ein Mensch sein, ohne das ausgrenzende Adjektiv der Herkunft?

Wochenlang lief ich mit diesen Fragen herum, bis ich mich entschloss, ein Bühnenprogramm zum Thema ‚Migration' zu schreiben: …aber es kamen MENSCHEN hatte am 27. Februar 1982 in den Kammerspielen in Nürnberg Premiere.

Darin wollte ich zeigen, dass sich kein Mensch, von sich aus!, als Ausländer fühlt, solange er nicht zu einem Ausländer gemacht wird.

Ich ahnte nicht, wie sehr dieses Thema zu einer Lebensaufgabe werden würde, in nahezu allen privaten und politischen Fragen. Ich hatte begriffen, dass ich immer im *Unterschied* zu Etwas wahrgenommen werden würde und entwickelte eine Art Draufblick auf mich und andere. Manchmal als Zuschauer im Parkett, manchmal von ganz oben, von der hintersten Reihe im Rang. Nur wenn ich arbeitete, also wenn ich spielte oder schrieb, hatte ich das Gefühl, mitten im Geschehen zu stehen.

Bereits während meines zweiten Engagements in Dortmund schrieb ich 1983/84 mein zweites Programm, um vom Leben der ‚Migranten' zu erzählen. Es hieß *Worte, Geschichten und Lieder* und wurde, wie in Nürnberg zuvor, ebenfalls auf den Spielplan gesetzt.

Innerhalb kurzer Zeit hatte sich damals in Dortmund eine brutale Schlägertruppe ausgebreitet. Die sogenannte Borussenfront zertrümmerte regelmäßig mit lautem „Sieg-Heil!"-Gebrüll ausländische, insbesondere türkische, Lokale und Geschäfte. Mein Programm wurde so etwas wie eine Gegenhaltung des Theaters zu den Vorgängen, die zehn Minuten Luftlinie entfernt stattfanden, sowie zu den Sprechblasen aus Bonn. Dort verharmloste der damalige Kanzler Kohl die offen rassistische Bewegung als „verirrte Jugendliche".

Diese Verharmlosung festigte nicht nur die gewaltbereiten, rassistischen Strukturen jener Zeit, sie spaltete die Gesellschaft mehr und mehr in ‚Die da' und ‚Wir'.

Mit ‚Die da' waren die zu ‚ausländischen Mitbürgern' umbenannten ‚Gastarbeiter' gemeint, insbesondere die größte Gruppe unter ihnen, die Türken, und auch die als ‚Asylanten' und ‚Sozialschmarotzer' beschimpften und gedemütigten Flüchtlinge.

Und noch immer verharmloste der amtierende Kanzler Kohl die Übergriffe auf Flüchtlinge, jüdische Friedhöfe oder türkische Geschäfte wie auch auf Obdachlose als „jugendlichen Unmut", den man natürlich ernst nehmen solle.

Anfang der Neunziger hatte ich im *Stern* einen Bericht gelesen, dass nach einer Umfrage etwa ein Drittel der deutschen Bevölkerung rechts bis rechtsaußen positioniert sei. Ich war so schockiert davon, dass ich unbedingt etwas dagegen machen wollte. Ich trat der Friedensbewegung bei und versäumte kaum einen Protest der antifaschistischen Mahner, die nicht aufhörten, Bertolt Brechts Satz zu wiederholen: *Der Schoß ist fruchtbar noch, aus dem das kroch!*

Die Spaltung zwischen der Mehrheitsgesellschaft und den türkischen Einwanderern wurde trotzdem immer deutlicher. Es bildeten sich kulturelle Ghettos wie Teestuben, Gebetshäuser oder türkische Kulturvereine, immer mehr wollten ‚unter sich bleiben', um sich wenigstens eine Identität als eigenständige Kulturwesen zu bewahren.

Es war nur eine Frage der Zeit, wann durch diese Form der ‚Retroidentität' die ersten bekennenden Gläubigen mit Bart und Kopftuch sichtbar werden würden.

Ich dachte, wir müssten dringend über diese Entwicklung reden und organisierte 1993 mit Hilfe der ‚Künstler in Aktion', deren

Gründungs- und Vorstandsmitglied ich war, eine Aussprache im Amtshaus der Bundestagspräsidentin. Mit Renate Schmidt als stellvertretender Bundestagspräsidentin und Kulturschaffenden aus der gesamten Republik versuchten wir, die ersten Zeichen der Ghettoisierung zu beschreiben und zu benennen.

Aber der rassistische Mob griff plötzlich zu härteren Mitteln in seiner ‚Reinheitslogik' und zündete nun zugewanderte Menschen an wie Papier: In Hünxe, Solingen, Mölln, Hoyerswerda, Rostock-Lichtenhagen und Mannheim-Lampertheim sowie in etlichen anderen Städten trieb er sein völkisches Unwesen.

In ganz Deutschland meldeten sich Fassungslose zu Wort oder organisierten – wie 1992 Giovanni di Lorenzo – Lichterketten gegen Rassismus und Ausländerfeindlichkeit, an denen ich ebenfalls teilgenommen habe.

Trotzdem habe ich noch lange gebraucht, um mich diesem GAU der Menschlichkeit mit meinen eigenen künstlerischen Möglichkeiten und Mitteln entgegenzustellen. Knapp drei Jahre habe ich an meinem Programm RESPEKT gearbeitet, bis ich die hohe Finanzierung zusammen hatte und auch alle fünfzig spartenübergreifenden Mitwirkenden aus Orchester, Ballett, Schauspiel, Wissenschaft sowie die aufwendige Video-Installation.

Ich wollte das *Verbindende* zwischen uns allen sichtbar werden lassen – und stellte vier Grundbekenntnisse in den Mittelpunkt:

das *Vaterunser* der Christen

das *Alham* der Moslems

das *Schma Jisrael* der Juden

das *Om mani padme hum* der Buddhisten

so dass jeder Anwesende selbst hören konnte, *wie verwandt* und ähnlich die kulturellen Leitmotive sind.

Die Premiere fand im Mai 1997 im E-Werk in Köln statt, und ich bin dankbar, dass unsere Arbeit verstanden und sogar durch Bundespräsident Roman Herzog mit dem Bundesverdienstkreuz ausgezeichnet worden ist.

Ich fühlte mich in den Neunzigern wie unter Dauerschock durch die nicht enden wollenden, hasserfüllten Übergriffe. Rückwirkend ist mir so, als hätte ich in den Jahren nichts anderes gemacht als nach einem geeigneten Ausdruck zu suchen, um mit allen Mitteln 'das Verbindende' sichtbar zu machen.

Ich habe zahllose Artikel geschrieben und bis heute sieben Bücher.

Mein erster Roman zum Thema erschien 1991. In *Schwarzer Tee mit drei Stück Zucker* beschreibe ich das Ankommen und Anwachsen in einem neuen Land am Beispiel der Geburt eines bikulturellen Kindes, das zwar in Köln geboren wird, dessen Mutter aber aus der Türkei stammt und der Vater aus Österreich.

In dem Essay, *Septembertee oder Das geliehene Leben,* der 25 Jahre später erschienen ist, habe ich dann das Ende einer Migration durchdekliniert. Denn mit dem Tod meiner Mutter stellten sich plötzlich ganz neue Fragen zum Umgang mit der Migration.

In diesem Buch habe ich beschrieben, wie unterschiedlich die Gründe sein können, wenn sich Menschen auf den Weg machen für ein besseres Leben. Für das sie zwar ihr Leben lang mit größter Bereitschaft hart gearbeitet haben, in dem sie sich aber trotzdem nie willkommen fühlen konnten.

Deshalb wollte meine Mutter am Ende ihrer Zeit zurück und neben ihren Eltern in Köprübaşı begraben werden; mein Vater dagegen hat in jedes Zimmer einen Feuerlöscher gehängt und sich eine Grabstätte in Hannover reserviert.

Ich habe Vorträge gehalten vor unterschiedlichsten Gruppierungen – beispielsweise am 15. Mai 1998 vor Künstlern und Kulturschaffenden in Zusammenarbeit mit der damaligen Kulturministerin von Nordrhein-Westfalen, Ilse Brusis: *Ethnokultur – ein Sommernachtstraum?*

Oder auf dem Podium der UNESCO in Paris 2007: *Migration, das unbekannte Leben.*

Oder vor der deutschen Friseurinnung in Istanbul im Mai 2013 zum Thema: *Migration – Integration.*

Es ist schon seltsam, dass sich in all diesen Jahren kaum etwas geändert zu haben scheint in der *Draufsicht* auf die Einwanderer. Nur dass man sie heute häufiger 'Einwanderer' nennt als 'Ausländer'.

Dass der Hass in der gewaltbereiten rechten Subkultur nie aufgehört hat, zeigt das unfassbare Zusammenspiel von V-Leuten des Staates mit den organisierten Morden der NSU an acht Türkei-stämmigen und einem aus Griechenland stammenden Einwanderer wie auch einer deutschen Polizistin.

Das Unfassbare ist, dass die Behörden der gesamten vereinigten Republik nicht nur während der sechs Jahre, in denen diese Mörder unterwegs waren, geschwiegen haben. Das Unfassbare ist und bleibt über unsere Zeit hinaus, dass über all die Jahre die Opfer und ihre Familien beschuldigt wurden, selbst Kriminelle gewesen zu sein.

Ich bin noch immer derart schockiert über diese Machenschaften zwischen Politik, Geheimdiensten und den Ultra-Rechten in unserem System, das ich naiverweise für nicht korrumpierbar hielt, dass ich es bis heute nicht verschriftlichen konnte.

So gesehen, hat sich an dem Umgang mit dem „kulturellen Unterschied" seit Adenauers Zeiten kaum etwas Grundlegendes geändert. Der damalige Bundesminister für Arbeit und Sozialordnung, Theodor Blank, lehnte die Unterzeichnung des Anwerbevertrags mit der Türkei mit den Worten ab: Sie passen nicht zu uns. Der Vertrag wurde trotzdem unterschrieben, und zwar vom Außenministerium – und auf Druck der NATO und den USA, die die Türkei wegen ihrer geostrategischen Außenstellung wirtschaftlich an Europa angebunden sehen wollten.

Die Sprache variierte zwar über die Jahre, aber der Inhalt ist bis heute geblieben.

Mit ähnlichen Worten drückte Helmut Kohl seine Ablehnung gegen die EU-Mitgliedschaft der Türkei aus: Sie passen nicht in die europäische Kultur.

Auch Kanzlerin Angela Merkel hat eine Möglichkeit gefunden, sich nach ihren Runden-Islam-Tischen abzugrenzen. Ihre Wortwahl lautete: Wir bekennen uns zu der christlich-jüdisch-abendländischen Kultur.

Und noch in einem *Spiegel*-Interview vom Mai 2013 sagt Altkanzler Helmut Schmidt (SPD): „Ich bin sehr skeptisch, was die Einwanderung aus islamischen Kulturen angeht. Bei den Türken, bei den Leuten aus dem Libanon und den islamischen Staaten insgesamt."

Wen wundert es da, wenn 2015 zigtausende auf die Straße gehen, um diese Denke inbrünstig zu unterstützen: als „Patriotische Europäer gegen die Islamisierung des Abendlandes"?

Der Rassismus – präziser: die Islamophobie – ist hoffähig geworden in Deutschland und hat einen festen Platz in der Mitte der Gesellschaft gefunden. Denn die hetzende Meute gehört mehrheitlich der Mittelschicht an – der es seit der *Agenda 2010* der Rot-Grünen-Koalition immer schlechter geht.

Dies bestätigt der jährliche Armutsbericht des Paritätischen Gesamtverbands, der eine bundesweite Armutsquote von knapp 16 Prozent im Durchschnitt und regionalen Spitzenwerten bis zu 25 Prozent auf der Insel Rügen (etwa 3.500 gemeldete Arbeitslose bei ca. 70.000 Insulanern) ausmacht.

Und trotzdem macht mir diese Bewegung weniger Angst als die in den Neunzigern, weil ihre Motive klarer sind. Denn sie stellt sich öffentlich, auch wenn sie die Presse beschimpft und bespuckt, und macht sich sichtbar. Und ihre Motive sind zum Teil sogar nachvollziehbar, wenn auch nicht akzeptabel.

Die Menschen haben Angst und können nicht nachvollziehen, warum die Sozialsysteme auf ein Existenzminimum heruntergefahren werden, während gleichzeitig dreistellige Milliardenbeträge in die Bankenrettungen fließen.

Sie verstehen nicht, warum sie ‚Lohnzurückhaltung üben sollen', während die Wirtschaft brummt. Warum sie sich mit ‚Dumpinglöhnen' zufrieden geben sollen, während Unsummen an Abfindungen gezahlt werden, und obendrein auch noch das Stigma durch Hartz IV schweigend ertragen sollen.

Da sehen selbst die Almosen an Flüchtlinge wie ein Goldregen aus.

Laut *Focus* (3/13) klafft – im europäischen Vergleich – die Schere zwischen Arm und Reich in Deutschland mit am weitesten auseinander, obwohl hier die höchste Wirtschaftskraft gemessen wird. Besonders beunruhigend ist dabei die Kluft zwischen den hohen und niedrigen Einkommen. Das obere Fünftel verdient 4,5-mal so viel wie der Rest der unteren Fünftel.

Dieser kleine Vergleich zeigt ohne weitere soziokulturellen Abgleiche, wie eng rassistische Blasen mit angstfreiem Leben verbunden sind.

Auch hier ist Brechts Aussage noch immer gültig: Erst kommt das Fressen – dann die Moral. Weil es menschlich ist. Und ich verstehe das. Angst zu haben *ist* menschlich. Sich abzugrenzen auch.

Deshalb lautet das erste Gebot für den inneren Frieden, die soziale Balance einzuhalten, damit die Wut nicht in Aggression umkippt.

Ich kann nur teilen, wenn für es für mich selbst auch reicht. Wie groß dieser Anteil jedoch ist, stellt sich subjektiv in jedem Land anders dar, so dass ein Vergleich kaum möglich ist.

So lässt sich die rumänische Armut eben nicht mit der deutschen vergleichen. Auch wenn der Anteil der Armutsgefährdeten dort bei 22,2 Prozent liegt und der Multiplikationsfaktor zwischen den Einkommen bei 6,2. Das dortige Bruttoinlandsprodukt beträgt aber nur 217,23 Millionen Euro bei knapp 22 Millionen Einwohnern; bei uns beträgt es 2.429,79 Milliarden Euro bei ca. 81 Millionen Einwohnern! Was etwa 10 Millionen Euro pro 1.000 Menschen in Rumänien ausmacht, während der wirtschaftliche Ertrag bei uns bei 30 Millionen Euro je 1.000 Einwohner beträgt.

Und noch eine Zahl, die die Unvergleichbarkeit sehr deutlich macht: Die durchschnittliche Lebenserwartung in Rumänien beträgt etwa 75 Jahre, bei uns hingegen schon 80 Jahre (Quelle: laenderdaten.info).

Rassistische Abgrenzungsphänomene explodieren dann am lautesten, wenn die gesellschaftliche Ungleichheit als existenzielle Bedrohung spürbar wird.

Ganz simpel zunächst am eigenen Einkommen und in der Folge an der Stabilität des Lebensstandards. Ist der gefährdet, führt die unterschwellige Angst direkt zur Abgrenzung. Zuerst gegenüber denen, die sehr verschieden sind – wie in den Neunzigern nach der Vereinigung gegenüber dem Angolaner Amadeu Antonio Kiowa oder gegenüber der Familie Genç aus der Türkei – und macht auch nicht Halt vor denen, die sehr ähnlich sind. Wie die wahllosen Prügelattacken der letzten Jahre auf Berliner oder Münchener Bahnhöfen, bei denen Jugendliche wahllos auf Gleichaltrige prügelten.

Mir war immer bewusst, dass Rassismus eine ökonomische Ursache hat und kein ethisches oder ethnisches ‚Problem' ist. Ich habe es in den letzten 53 Jahren leider immer wieder erleben müssen, dass noch während oder direkt nach einer wirtschaftlich unsicheren Phase die Ablehnung gegen alles ‚Fremde' umgeschlagen ist in Aggression: nach der Ölkrise in den Siebzigern, nach der Wiedervereinigung in den Neunzigern, nach den großen Finanzkrisen seit 2007 und deren Auswirkungen bis heute mit Überschuldungen ganzer Staaten und massenhaften Einkommenskürzungen.

Ich denke, es ist höchste Zeit, dass sich die Politik ihrer Verantwortung gegenüber den Einwanderern stellt und sie durch eine geregelte und quotierte Einbürgerung und Gleichstellung schützt.

Ich glaube außerdem, dass sich das Thema Einwanderung nicht isoliert abhandeln lässt, sondern nur zusammen mit der Frage, die die *gesamte* Gesellschaft betrifft: Wie wollen wir leben?

Genauer: Wie kann ein respektvolles Miteinander in einer globalen Moderne geregelt werden, die nicht separiert, sondern Menschen zusammenführt, kulturelle Verschiedenheiten synchronisiert? Nach dem Motto von Johannes Rau: „Versöhnen statt spalten!"

Oder nach der Vision des türkischen Poeten Nâzım Hikmet:

Leben / einzeln und frei / wie ein Baum / und brüderlich / wie ein Wald / das ist unsere Sehnsucht.

In meinem Buch *Respekt – Heimweh nach Menschlichkeit* (2011) wollte ich verstehen, ob es einen tieferen Grund gibt für die stetig größer werdende soziale Spaltung und wenn ja, was sie bedeutet und wie sie wirkt. Ich habe dazu zwei Jahre lang in allen Disziplinen recherchiert, die sich mit dem Menschen beschäftigen, von der Hirnforschung über die Wirtschaft bis zur Psychologie.

Ich lernte, dass sich innerhalb nur eines Jahrzehnts das innere Wesen der Arbeit von Grund auf geändert hat. Die komplette Automatisierung und Technisierung ganzer Produktionsfelder hat die industriellen, personal- und verwaltungsintensiven Produktionsverfahren abgelöst. Die viel beschworene ‚Ethik der

Toleranz' ist ein Relikt des industriellen Zeitalters und dessen Herrschaftsdenken, das *vertikal* strukturiert war. Wie eine Pyramide: unten das breite Fundament der ,Arbeiter', darüber, in der Mitte, die ,Verwaltung' und ganz oben, an der Spitze, der ,Arbeitgeber'. Und dass heute die Moderne horizontal organisiert wird.

Heute wird ein komplementäres und kreativ vernetzendes Arbeiten gebraucht, ein ökonomisch bestimmtes Wir. Teamgeist ist das neue Zauberwort der Effizienz. Weitere sind ,production on demand' und ,Internetkapitalismus'.

Und Flexibilität!

Ein Wort mit mehr als hundert Synonymen – von anpassungsfähig über beugsam bis mobil – und vielleicht der größte Fluch der Moderne. Mobilität ist die Hefe der Flexibilität und erfordert permanente Abrufbarkeit und Bereitschaft, ohne zeitliche Begrenzungen.

Aber Menschen brauchen Zeit. Also beginnen sie, sich ihre private Restzeit neu einzuteilen, und sich mehr und mehr zurückzuziehen. Der durchschnittliche Anteil der Singlehaushalte liegt derzeit bei knapp 45 Prozent und in einigen Stadtstaaten liegt der Anteil dieser „kleinen Haushalte" (*Die Welt*, Juli 2013) sogar über 80 Prozent – so in Berlin (83%), Bremen (82%), Hamburg (81%), ebenso in Sachsen (81%).

Diese Entwicklung, zwischen 1991 und 2011, sei nicht nur die Folge des „urbanen Lebensstils", schrieb der *Spiegel* im Juli 2012, sondern auch Ausdruck einer „wirtschaftlichen Schwäche", weil das Geld für mehr nicht reicht. Den größten Anteil der Singlehaushalte bilden Hochqualifizierte mit geringer Wirtschaftskraft.

Allerdings hat sich das statistische Bundesamt bei der Erhebung von 2011 nur mit der Mehrheitsgesellschaft beschäftigt, deren gemeinschaftliche Strukturen sich in einem Auflösungsprozess befinden. Aber nicht in dem Sinn, dass sich ,Deutschland abschafft', sondern so, dass sich Deutschland unmerklich schon anders organisiert hat: allein am PC mit tausenden ,Freunden' über sozialen Netzwerke.

Damit ändert sich nicht nur die Textur des Dialogs, sondern gleichfalls die Textur des kulturellen Kitts wie Beziehungsfähigkeit und Beziehungsbereitschaft, wie Verantwortungsgefühl und Fürsorglichkeit, Solidarität und Loyalität.

Alles zusammengenommen unentbehrliche Identitätsbildende und Kulturstiftende Errungenschaften menschlichen Zusammenlebens: Ohne diesen Kitt lösen sich Gesellschaften auf.

Ganz anders ist die Entwicklung in den ‚migrantischen' Gruppierungen, wo sich als Reaktion auf die strukturelle Ausgrenzung der letzten Jahrzehnte ein relativ stabiler Gemeinschaftssinn verdichtet hat.

Diese Entwicklung ist kaum sichtbar, aber messbar. Bei Einwanderern gibt es nicht nur mehr Geburten, Einwanderer leben auch in der Mehrzahl als Familien unter einem Dach. Auch das innere Klima ist anders: Die meisten der Einwanderer sind unerschütterlich zukunftsorientiert, als wäre ihr eigentliches Zuhause erst in der Zukunft, bei ihren Kindern und Kindeskindern. Dafür leben und arbeiten sie, denken und planen generationenübergreifend. Was in der Mehrheitsgesellschaft nur noch als eine überholte folkloristische Reminiszenz belächelt wird.

Ich weiß nicht, wie lange diese gegensätzliche Entwicklung gut gehen kann oder ob sie je zu einem Problem werden wird. Fakt ist: Da gibt es zwei verschiedene gesellschaftliche Phänomene, die sich in entgegengesetzte Richtungen entwickeln.

Ich glaube, wir müssen unverzüglich über ein neues Miteinander nachdenken, über eine neue Ethik des Miteinanders. Toleranz – sprich das ‚Dulden von anderen' – wird uns nicht mehr weiterhelfen. Wir brauchen ein anderes politisches Denken, das auf Akzeptanz und Gleichrangigkeit gründet, auf Mitgefühl und gemeinsame Verantwortung. Wir müssen die Idee des Respekts in alle Institutionen und Gesetze hineintragen. Um unser aller willen.

Wir müssen ganz dringend darüber reden, *wie* wir leben wollen. Wir alle gemeinsam. Und wie wir die Vernetzung von Zuwanderern besser synchronisieren können, im Bildungssystem, in der Städteplanung und in einem rechtlich gesicherten Status als *gleichwertige* Bürger.

Seit meinem ersten Programm 1982 plädiere ich für einen *gleichrangigen* Umgang miteinander: Macht Schluss mit der demütigenden ‚Integrationstoleranz'. Fangt an, Einwanderer als vollwertige Menschen ernst zu nehmen!

Toleranz ist Tyrannei in Häppchen. Respekt dagegen das Ave Maria der Menschlichkeit.

Und ich habe es kürzlich wieder getan, in meinem Vortrag im Mai 2015 im Hessischen Landtag auf Einladung der Fraktion DIE LINKE. Deren „Migrationspolitische Tagung" stand unter dem Motto „Gesellschaft gemeinsam gestalten!". Für mich klang das wie eine Klage als Bitte, weil es offensichtlich noch immer keine ‚gemeinsame Gesellschaft' gibt.

Es ist ein trauriges Kapitel der Nachkriegsgeschichte in unserem Land, dass all die Bemühungen von Millionen Menschen, sich hier heimisch zu fühlen, noch immer mit Skepsis beäugt werden.

»Gesellschaft gemeinsam gestalten!«

Migrationspolitische Tagung

9. Mai 2015, 11.00 – 17.00 Uhr,
Hessischer Landtag,
Wiesbaden

„Hessen braucht eine nachholende Integrationspolitik, die durch gezielte und unkonventionelle Maßnahmen bessere Arbeits- und Lebenschancen für Migrant_innen eröffnet und jeder Ausgrenzung entgegentritt, damit alle Menschen am kulturellen, politischen, wirtschaftlichen und gesellschaftlichen Leben in einer solidarischen und demokratischen Gesellschaft teilhaben."

So hat DIE LINKE. Hessen in ihrem Landtagswahlprogramm ihre Zielvorstellung beschrieben. Wir laden alle Interessierten und Betroffenen ein, mit uns über Chancen einer Diskriminierung überwindenden Migrationspolitik in Hessen zu diskutieren.

PROGRAMM

11.00 Uhr
Eröffnung durch Fraktionsvorsitzende/n

11.15 Uhr
Gastrednerin: **Renan Demirkan**,
Schauspielerin, Schriftstellerin

12.00 Uhr
Podiumsdiskussion „Migration und
Integration in Hessen: Wo stehen wir?"
Barbara Cárdenas, Die LINKE, MdL
Enis Gülegen, Vorsitzender der Arbeitsgemeinschaft der Ausländerbeiräte Hessen
Dr. Sabine Schiffer, Institut für
Medienverantwortung (IVM)
Prof. em. Dr. Frank-Olaf Radtke,
Erziehungswissenschaftler, Johann-Wolfgang-Goethe-Universität, Frankfurt am Main
Bilal Sahin, Betriebsrat VW Kassel, IG Metall
Moderation: **Marjana Schott**, DIE LINKE, MdL

13.30 Uhr
Mittagspause

HESSISCHER LANDTAG

14.30 Uhr
Arbeitsgruppen „Alternativen der
Migrationspolitik"

I. **Antirassistische Strategien** mit
Dr. Sabine Schiffer, Institut für
Medienverantwortung (IVM)

II. **Gesundheit** (N.N.)

III. **Arbeitswelt** mit Bilal Sahin, Betriebsrat
VW Kassel, IG Metall

IV. **Bildungsbenachteiligung** mit
Prof. em. Dr. Frank-Olaf Radtke,
Erziehungswissenschaftler, Johann-Wolfgang-Goethe-Universität, Frankfurt am Main

V. **Flüchtlinge** mit Timmo Scherenberg,
Hessischer Flüchtlingsrat

16.00 Uhr
Berichte aus den AGs

16.30 Uhr
Diskussion und Zusammenführung der
Arbeitsergebnisse

Eine Ewigkeit unterwegs – Migration und die Herausforderungen der Zukunft

Auszug aus dem Vortrag im Hessischen Landtag anlässlich der „Migrationspolitischen Tagung" der Fraktion DIE LINKE *zum Thema „Gesellschaft gemeinsam gestalten!", gehalten am 9. Mai 2015*

Vielen Dank, dass ich hier sein darf. Wie es Willi von Oyen schon angedeutet hat, geht es mir in allem, was ich tue, darum, das Geschehen um uns herum ganzheitlich zu begreifen. Und besonders in meiner literarischen Arbeit achte ich darauf, das Politische und Philosophische in einem poetischen und persönlichen Kontext zu synchronisieren.

Und als PEN-Mitglied wünsche ich mir, dass sich die Politik endlich auch mehr um Bündnisse mit der ‚Poesie' und der ‚Philosophie' bemühen möge, weil sie, meiner Meinung nach, die Komplexität der Aufgaben nicht mehr allein lösen kann. Vielleicht bekämen wir dann mehr Antworten auf die Kernfragen, warum sich die Armutsschere immer weiter öffnet oder warum das Finanzkapital nicht strenger reguliert wird.

Ich bin überzeugt, dass wir diesen disziplinübergreifenden Schulterschluss dringend brauchen, weil das Verhältnis Mensch und Arbeit in der Moderne das gesellschaftliche Miteinander vor ungeahnte Prüfungen stellen wird. Denn wir sind erst am Anfang einer neuen – pausenlosen! – Lebensarbeitszeit und deren bedrohlichen Auswirkungen auf den Einzelnen und das Gemeinwesen.

Ich freue mich wirklich sehr, heute hier – und besonders an diesem Ort – sein zu dürfen, weil es fast eine Beziehung gegeben hätte zwischen uns, zwischen diesem Landtag und mir, vor fast dreißig Jahren. Meine heute erwachsene Tochter Ayshe machte damals gerade ihre ersten Krabbelversuche, als mich Daniel Cohn-Bendit anrief, um mir auszurichten, dass Joschka Fischer mich grüßen lässt und fragt, ob ich ‚die Kultur in Hessen übernehmen' würde. Erst dachte ich, das sei ein Scherz, aber die Anfrage war wirklich ernst gemeint. Aber natürlich meinte er nicht mich als Person, denn er kannte mich ja überhaupt nicht, sondern mich als ein erstes ‚Phänomen'. Damals.

Was war passiert? Das Unwort des Jahres 1980 lautete „Asylant", und ein Diskurs über eine „Asylantenschwemme" beherrschte das Land. Die sozialliberale Koalition verhängte einen „Zuzugsstopp" und verteilte „Rückkehrprämien", und ein neuer Bundeskanzler, diesmal mit einem christlich-konservativen Parteiprogramm, versprach 1982 eine „geistig-moralische Wende" und verschärfte die ‚Ausländergesetze'. Und damit die neuen Einschränkungen nicht allzu sehr auffielen, wurden aus „Gastarbeitern" irgendwann „Ausländer" und später sogar „ausländische Mitbürger", aber dennoch verweigerte Herr Kohl den Opfern des Solinger Brandanschlags sein Beileid. Er wolle keinen „Beileidstourismus" betreiben, sagte er.

In dieser Stimmung tauchte plötzlich eine widerspenstige ‚Türkin' auf, die – nicht als scheue Analphabetin, sondern als ausgebildete Schauspielerin in Film, Fernsehen und auf der Bühne – fließend Deutsch sprach und sogar noch selbstständig drei zusammenhängende Sätze denken und formulieren konnte. Nicht genug damit, sie kritisierte die völkischen Töne der Kohl-Politik und beteiligte sich aktiv in der Friedensbewegung. Sie sagte laut Nein! zu Atomwaffen, Nein! zu der Kriegspolitik, Nein! zu Rassismus und auch Nein! zu der Demütigung durch die ignorante ‚Integrationspolitik'.

Das ist zwar schon alles sehr lange her, aber an meinem Denken hat sich nichts geändert. Leider auch nichts an dem Umgang mit der Zuwanderung.

Jedoch bin ich heute glücklicherweise nicht mehr das einzige ‚Phänomen', sondern eine von Tausenden der zweiten, dritten und vierten Einwanderergeneration, die ihre Elternkultur mit der hiesigen Gesellschaft synchronisiert haben.

Auch wenn sich heute niemand mehr trauen würde, von „Asylantenschwemme" zu reden, so hat sich doch ein latenter Rassismus in der Mitte der Gesellschaft fest eingenistet, und auch die Abschottungspolitik wurde mehr und mehr institutionalisiert – europaweit.

2007 wurde ich im Rahmen einer UNESCO-Debatte in Paris eingeladen, um über dieses offenbar seltsame Wesen des ‚Migranten' zu referieren. Ich schrieb einen Bericht über die damals aktuelle Lage unter dem Titel: „Migration, das unbekannte Leben". Die anwesenden Journalisten stürzten sich auf die Übersetzungen als hätte ich das Gottesteilchen entdeckt. Aber ich hatte 2007 nur etwas beschrieben, was ich seit 1962 in Deutschland selbst erlebt hatte. Und was sich in den folgenden Jahren um ein Vielfaches verschlimmern sollte, besonders in Frankreich. Den Rückzug der Einwanderer einerseits und den europaweiten Rechtsruck mit offenem Rassismus, Islamophobie und Antisemitismus andererseits. Hier nur drei Namen, die seitdem und noch immer für die gesamte Bewegung federführend sind: Vater und Tochter Le Pen und Geert Wilders.

Ich welches Land wir auch gehen, an der latenten Abgrenzungspolitik hat sich seit 2007 nichts geändert. Es blieb in etwa bei all den Ungereimtheiten wie es schon 1962 war, als ich als Siebenjährige nach Deutschland kam. Und dennoch will und kann ich nicht aufhören, ständig zu wiederholen, dass wir uns alle gemeinsam für eine würdevolle Einwanderungspolitik entscheiden müssen, um unserer selbst willen. Denn die Atemlosigkeit und die Anonymisierung der Moderne zwingt uns zu Antworten, die weit über die Rentenhöhe von 2020, 2035 reichen.

In Zukunft wird die gesellschaftliche Lebensqualität darüber entscheiden, ob Einheimische auswandern und Zuwanderer heimisch werden wollen. 2006 verzeichnete Deutschland, laut *Focus*, die höchste Auswandererzahl seit 1950. Knapp 150.000 qualifizierte Deutsche haben das Land verlassen. Die Motive seien vielfältig, heißt es, aber die wesentlichen Gründe seien das gesellschaftliche Klima und die hohen Lebenskosten bei zu geringer Bezahlung.

Wir brauchen einen neuen Gesellschaftsdiskurs über Moral und Ethik in Zeiten der Vereinzelung einerseits und digitaler Totalerfassung andererseits. Die Textur der Humanität löst sich auf.

[…]

Es gibt keine homogene Migration, das ist ein Irrtum. Und es gibt auch keine einheitliche Migrantengruppe. Damit meine ich nicht die äußeren Unterschiede wie Haut- oder Haarfarbe. Ich meine die millionenfach verschiedenen Lebensgeschichten und Erfahrungen, die vor der Migration liegen. Die Geschichte jedes Einzelnen, dass und warum er weggehen musste.

Nicht jeder, der arm ist, packt seine Koffer, nicht jeder, der politisch verfolgt wird, flieht und nicht jeder, der sich nach Freiheit sehnt, verlässt seine Familie und Verwandten. Die, die das tun, sind in der Mehrzahl sehr außergewöhnliche und mutige Menschen. Menschen, die die Koffer für immer packen, sind auch Ausnahmen in ihren eigenen Ländern. Sie alle folgen der universellen Sehnsucht nach innerer und äußerer Freiheit, nach einem Leben in Würde und mit Rechtssicherheit. Sie wollen lernen und arbeiten, satt werden und ihre Kinder gut und sicher aufgehoben wissen.

Ich habe mich über all die Jahre immer wieder gefragt, warum Neuankömmlinge in unserem Land direkt in einer Art kultureller Quarantäne landen, in einem politischen Reservat der Toleranz. Erst nach vielen Jahren wurde mir klar, welch eine Bedrohung neue Menschen für die – vom Horror des Nationalsozialismus traumatisierte – Bevölkerung gewesen sein müssen. Erst nach und nach habe ich die flächendeckende Dynamik des gesamtgesellschaftlichen Traumas nachvollziehen können, dass Menschen, die selbst mit ihrer ‚Integration' in der Welt zu kämpfen haben, keine Annahme- oder Akzeptanzpolitik machen konnten. Von einer respektvollen Einwanderungspolitik ganz zu schweigen.

Ich habe den Nationalsozialismus mit aufgearbeitet, war und bin als Schauspielerin und Autorin noch immer ein Teil des Verstehensprozesses. Nach und nach wurde mir bewusst, wie sehr die Deutschen nach dem Holocaust selbst zu Außenseitern im Weltgefüge geworden waren. Und nun sollte sich ein ganzes Volk, das mit Rassengesetzen indoktriniert war, plötzlich und übergangslos gegenüber neuen Kulturen öffnen? Ein mörderisches Trauma einfach abschütteln – vergessen? Das konnte nicht gutgehen. Man kann sein Denken und sich selbst nicht so einfach ausradieren.

Auch der neue christliche Minister für Arbeit und Sozialordnung in Adenauers Regierung konnte es nicht. Hatte er doch noch im Krieg als Panzerjägersoldat gedient! Wie hätte er plötzlich ein Anwerbeabkommen mit den moslemischen Türken unterschreiben können? Dass das nicht reibungslos verlaufen konnte, wurde mir erst viele Jahre später verstehbar. Aber warum sich die grundsätzliche Abgrenzung nicht wesentlich verändert hat, ist mir bis heute schleierhaft. Theodor Blank hieß der Mann in Adenauers Kabinett, der sich geweigert hatte, das Abkommen zu unterzeichnen – mit der Begründung, ‚die passen nicht in unseren Kulturkreis'. Obwohl er ein aktiver Gewerkschafter und Christ war.

Nun hatte die Türkei also ein Anwerbeabkommen mit Menschen in Deutschland, die die Menschen aus der Türkei gar nicht wollten. Die sie aber erdulden, tolerieren mußten, noch zusätzlich zu der sehr komplexen und komplizierten wirtschaftlichen und emotionalen Aufbau- und Selbstfindungsphase, getränkt vom Desaster des eigenen Leids, eine historische Schuld anzunehmen und gleichzeitig das eigene Außenseitertum zu überwinden.

Mir ist klar, dass da die ‚Toleranz' sehr hilfreich war als Krücke, um das unabwendbare auszuhalten. Wie den Druck der Nato und der USA, die Türkei aus geostrategischen Gründen wirtschaftlich an Europa anzubinden. Also sagte man zähneknirschend ‚Ja' und begrenzte den Aufenthalt erstmals in der Geschichte des Abkommens auf zwei Jahre. Vielleicht um zu sehen, wie sich die ‚Muselmanen' so machen. Auch die Anwerbeabkommen mit Marokko und Libyen sind zustandegekommen unter dem Druck der USA, Nordafrika aus geostrategischen Überlegungen heraus enger an Europa zu binden.

Wie gesagt, all diese unterschwelligen, inneren Kämpfe der deutschen Gesellschaft habe ich auch erst in einem Prozess der intensiven Antwortsuche verstehen können. Während ich die Nachkriegszeit mit größter Betroffenheit mit aufgearbeitet habe und zu begreifen versuchte, dass und warum solch massenhaftes Versagen der Menschlichkeit überhaupt möglich gewesen war. Ich glaube, dass kulturelle und politische Binnenprozesse erst dann nachvollziehbar werden, wenn man die Psychologie einer Gesellschaft versteht.

Auf die wieder aufgekeimten Aversionen gegen Einwanderer nach der Vereinigung will ich hier nicht eingehen. Nur anmerken, dass auch die sozialistische Abgrenzungspolitik nach denselben Mustern abgelaufen ist wie in den ach so ,freiheitlich und demokratisch' genannten Systemen. Und dass die, die nun für ,Integration' und ,Flüchtlingspolitik' verantwortlich zeichnen, nach wie vor komplett überfordert sind, Zuwanderern ein würdevolles Willkommen anzubieten.

Seit über fünfzig Jahren laviert die Politik zwischen ,tolerant' sein wollen und ,integrieren' müssen und produziert permanente Demütigung. Diese ,Toleranz' ist verletzend, weil sie ein Interesse nur vorspielt und so seit Jahren den Graben zwischen Zuwanderern und Einheimischen stetig vergrößert. Weil es das Zwischenmenschliche unmerklich vergiftet. Und alles Verbindende überdeckt.

Die sogenannte ,Integrationspolitik' war von der ersten Sekunde an eine Demütigungspolitik, und das muss aufhören. Diese Latenz ist auf allen Ebenen zu spüren. In der Gartenkolonie und auch im Innenministerium, wenn beispielsweise der christlichdemokratische Herr de Maizière sagt, man würde Schleppern helfen, wenn man Flüchtlinge rettet.

Das ist für mich einer der übelsten Sätze eines Nachkriegspolitikers, einer der allerübelsten! Er entspringt derselben jahrzehntelangen Ablehnung seit den sechziger Jahren und ist bei genauer Betrachtung nur eine weitere Abgrenzungsvariante der Herren Blank, Strauß, Kohl, Schmidt, Koch und Stoiber und noch vieler anderer. Selbst Frau Merkel weicht nicht von dieser Linie ab, wenn sie nach den ,Runden Tischen Islam' darauf besteht: Wir vertreten hier das christlich-jüdisch-europäische Abendland.

Zuwanderer aber brauchen keine ,Integration'. Denn sie kommen hierher, um sich hier bewusst einzuleben. Sie sind offen und wollen lernen mitzumachen. Sie wissen nur nicht wie. Sie sind auf das Vertrauen der Mehrheitsgesellschaft angewiesen, werden aber von einem grundsätzlichen Mistrauen, sie seien ,Schmarotzer', zurückgewiesen.

,Migranten' sind außergewöhnlich offene und mutige Menschen, die sich auf den Weg machen, um woanders neu anzufangen, beharrlich und aufopfernd. Sie sind unerschütterlich zukunftsorientiert und voller Vertrauen in die neuen Nachbarn, Vorgesetzten und politischen Entscheider. Denn ihre Motive sind ganz klar: Sie wollen eine bessere Zukunft als die, die sie in ihren Heimatländern gehabt hätten. Ihre Bereitschaft, in dem neuen Land teilzunehmen und mitzugestalten ist nahezu von kindlicher Naivität. Ich habe es in meiner eigenen Familie erlebt und bei vielen anderen Menschen mit unterschiedlichster Herkunft.

Alle wollten sich einfädeln in das neue Leben hier, aber nicht alle konnten die unsichtbaren Barrieren und Hürden, etwa bei der Wohnungs- oder Arbeitsplatzsuche, überwinden. Ich bin überzeugt, dass dieses Wollen eine unvergleichliche kulturelle Ressource ist, an Kreativität, an Kunst, an Ideen, an Engagement, an Handwerk und anderen Fertigkeiten. Deshalb ist mir absolut unverständlich, warum die Mehrheitsgesellschaft diese Menschen nicht sofort umarmt.

Wie gesagt, wir brauchen keine Integrationspolitik, die noch weiter demütigt. Wir brauchen eine neue Willkommenskultur und ein neues Gemeinschaftsdenken! Abgegrenzte Gesellschaften sind Relikte des vergangenen Jahrhunderts und der Industriegesellschaft. In der Moderne werden die Minderheiten in der Mehrheit sein

Ich möchte Ihnen von einem Beispiel erzählen, das eigentlich völlig absurd ist. Vor knapp acht Jahren vergab die Bertelsmann Stiftung einen ‚Integrationspreis', der mit 60.000 oder 80.000 Euro, ich weiß es nicht mehr, hoch dotiert war nach Toronto. Als gäbe es hier nichts, was sie hätten würdigen können, dachte ich spontan. Doch bei genauer Betrachtung wird klar, dass sie Recht hatten und was der Unterschied zwischen Kanada und Deutschland ist, nämlich: eine gewollte Zuwanderung, die von der ersten Minute an begleitet wird!

Und die ZEIT adelte das dortige Einbürgerungs- und Bildungssystem als „Weltmeister der Integration" (21.8.2008). Sie wollen sogar ‚Weltmeister der Chancengleichheit' werden und begleiten die neuen Schüler mit Greeters (Grüßern) an jedem Schuleingang, mit Eltern, die jeden Tag in der gesamten Schule mithelfen, mit staatlicher Nachhilfe sowie mit Bibliotheken mit Kinderbüchern in allen Sprachen und Lehrpersonal mit allen denkbaren ethnischen und ethischen Hintergründen. Nirgendwo auf der Welt, so die Beobachter der Stiftung, wird Einwandererkindern wirkungsvoller der Weg in die Gesellschaft geebnet. Denn das Motto lautet: Niemand darf durch seine Herkunft gehindert werden.

Und in einem Fernsehbericht wurde der afrokanadische Leiter eines ausgezeichneten Kindergartens gefragt, was denn das Besondere an seiner Arbeit sei. Und der ungeheuer freundliche, entspannte Mann antwortete: Eigentlich nichts Besonderes. Wir holen die Menschen da ab, wo sie sind, und begleiten sie zu uns. Wir holen die Kinder ab und zeigen ihnen, wie der Weg in den Kindergarten ist, dann zeigen wir den Müttern, wo ihre Kinder sind, indem wir ihnen in den Nebenräumen Angebote machen, und auch die Väter, die in der Regel arbeiten gehen, sind an den Wochenenden mit dabei. Denn diese Menschen, die hierher kommen, haben wir gewollt. Und weil sie sich nicht auskennen, begleiten wir sie.

Auch Lloyd McKell vom Toronto School Board bestätigte: „Kinder und Eltern sollen sich in den Schulen wohl fühlen." Simpler geht es nicht. Man muss sich systematisch um die Neuankömmlinge kümmern, sie in die Gemeinschaft begleiten. Aber offensichtlich ist das hier noch nicht angekommen.

Aus der Verhaltensforschung und aus der Psychologie wissen wir, dass Demütigung Gewalt erzeugt. Denn Demütigung ist die subtilste Form der Gewalt, eine stetige Aushöhlung der Würde, ein psychosoziales Waterboarding. Demütigung essen Seele auf. So entwickelt sich im Laufe der Jahre eine sehr subtile Gegenwehr, die sich in zwei entgegengesetzte Richtungen spaltet: Auf der einen Seite beginnt es mit Übergriffen, wie die der ‚Borussenfront' in den achtziger Jahren, die dann in gezielte Morde ausarten, mit Brandsätzen, Nagelbomben oder aufgesetzten Kopfschüssen wie durch die NSU im neuen Jahrtausend. Während sich parallel die andere Seite immer mehr zurückzieht, in Kulturvereinen und Teestuben, bis hin zu dem Kölner Kalifat eines islamischen Predigers sowie den Kopftüchern und Bärten der Salafisten.

Ich habe schon 1993 im Amtshaus der Bundestagspräsidentin, damals in meiner Funktion als Vorstandsmitglied von ‚Künstler in Aktion', versucht, darauf hinzuweisen, wie stark der Rückzug schon sichtbar geworden war.

Ich möchte Ihnen noch eine Geschichte erzählen, die ich gerade erlebt habe.

Es passierte gestern auf dem eh schon sehr chaotischen ,Stuttgart21'-Bahnhof. Ich glaube, an diesem Beispiel lässt sich sehr gut ablesen, was Druck mit Menschen macht. Ganz gleich, woher der Druck kommt und wie lapidar der Grund auch scheinen mag. Druck essen Verstand auf. Nicht, weil die Menschen doof sind oder uneinsichtig, sondern weil jeder Mensch in sich ein eigenes Universum hat und eine eigene Welt ist, mit einer eigenen Uhr und Landkarte.

Ich hatte mich endlich durch den übervollen Bahnsteig bis an die Zugspitze von zwei zusammengekoppelten ICE-Zügen auf Abschnitt A durchgedrängt und sogar noch einen freien Platz ergattert, als mir mein Sitznachbar sagte, dass der Platz reserviert sei. Ich antwortete: ,Na ja, vielleicht habe ich ja Glück!' Hatte ich aber nicht, und auch mein freundlicher Nachbar nicht. Er sah sehr erschöpft aus, denn er war schon seit dem frühen Morgen unterwegs, um vom Süden Deutschlands in den Norden zu kommen, nach Hamburg, wo er lebt. „Streikrecht schön und gut, aber diesmal haben sie es übertrieben", meinte er.

Trotz der Hitze und des Gedränges waren die Menschen in der Ersten Klasse nett und höflich, einige boten den Stehenden sogar ihre Armlehnen als Sitzplatz an. Und ich war überfroh, diesen Zug erwischt zu haben, denn der nächste ging erst in zwei Stunden, und ich wäre viel zu spät nach Hause gekommen, um mich noch auf heute vorbereiten zu können.

Die Trennscheibe zum Zugführer war noch nicht zugezogen, so dass wir einen sehr entspannten, ausgestreckten Mann am futuristischen Steuerpult beobachten konnten. Die Abfahrtszeit war eigentlich schon verstrichen, aber es drängten sich noch immer Massen von Menschen in die bereits vollgestopften Waggons. Bilder wie aus Korea oder Japan kamen mir in den Sinn. Die Leute müssen ja irgendwie mit, dachte ich. Nicht weil sie im ICE Urlaub machen wollen, sondern weil jeder ein Ziel vor Augen hat. Der nächste Job, die Familie, Städtereisen und noch vieles mehr. Jeder Einzelne hat etwas vor, das ihm wichtig ist.

Da platzte plötzlich eine schrille Frauenstimme aus den Lautsprechern und verkündete, dass wir so keinesfalls unsere Fahrt fortsetzen dürften. „Wir sind zu voll!", schrie sie förmlich. „Sie müssen bitte aussteigen, sonst dürfen wir nicht weiterfahren. Also bitte, steigen Sie aus!"

„Ich steige nicht aus", sagte mein Nachbar und ich stimmte ihm zu, weil ich, wie er, auch eine völlig überteuerte Bahncard 50 für die Erste Klasse habe. Wahrscheinlich dachten die anderen in unserem Abteil ähnlich, niemand bewegte sich zum Ausgang. Wie offensichtlich auch in den anderen Waggons nicht, so dass die Frau wieder durch den ganzen Zug schrillte, dass der Zug überfüllt sei und solange er so überfüllt wäre, nicht weiterfahren dürfe und das nun bitte alle die, die keine reservierten Plätze vorweisen könnten, auszusteigen hätten.

Natürlich hatte bei diesem Chaos kaum jemand noch einen gültigen reservierten Platz. Also bewegte sich wieder nichts. Der Zug blieb voll, der Zugführer weiter entspannt. Und mein Nachbar und ich hofften auf unseren Schleudersitzen, dass niemand mehr in unseren Zugteil einsteigen würde. Aber wir hatten Pech. Ein sehr stark parfümiertes Paar zeigte uns freundlich seine Reservierung, und wir verteilten uns auf die angebotenen Armlehnen.

Abermals überschlug sich die Stimme der Zugbegleiterin, als würde ihr gleich das Herz herausspringen: „Bitte alle ohne Reservierung aussteigen, sonst dürfen wir nicht weiterfahren! Bitte alle ohne Reservierung aussteigen!" Niemand verließ den Zug, weil jeder trotz des Gedränges und der Hitze und der Schreierei nur eins wollte: endlich losfahren mit diesem Zug.

Jedoch änderten sich die Blicke um mich herum, so als wolle man sich gegenseitig überprüfen, ob der oder diejenige eine Berechtigung habe, mitzufahren. Über zwanzig Minuten ging das so, es war kaum zu ertragen, bis ein Mann sich an das Mikrofon stellte und in einem breiten, geschulten Ton sagte: „So, meine Damen und Herren, wir bieten Ihnen 25 Euro an, für jeden, der diesen Zug verlässt! Sie können sich das Geld direkt am Serviceschalter in bar abholen. Dort wird Ihnen unser freundliches Personal gerne weiterhelfen."

Keiner stieg aus. Nach vielleicht drei Minuten klagte wieder die absolut verzweifelte Frau durch die Decken: „Bitte steigen Sie aus! Wir können nicht fahren. Es geht wirklich nicht. Wir dürfen nicht auf die Schnellstrecke, wegen der Unfallgefahr. Weil, wenn der Zug bremst –, also, es dürfen pro Waggon nur 35 Menschen in den Gängen stehen. Und jetzt sind es einfach viel zu viele!"

Aber nur eine Handvoll Passagiere war bereit auszusteigen. Und mittlerweile hatte sich die Abfahrt um eine halbe Stunde verzögert. Wieder übernahm der Mann an das Mikro: „Also, meine Damen und Herren, die gesetzliche Lage ist so: 35 Personen im Gang sind erlaubt, und wir haben die doppelte Anzahl. Wenn Sie nicht aussteigen, müssen wir die Bundespolizei holen, die dann die überzähligen Fahrgäste herausholen wird. Wie gesagt, Sie können sich die 25 Euro direkt am Schalter abholen, ohne etwas ausfüllen zu müssen."

Was die Menschen schließlich überzeugt hat, kann ich nicht mal erraten. Es muss wohl diese Kombination gewesen sein aus: Man muss nichts ausfüllen, man bekommt 25 Euro direkt, die Bundespolizei wird gerufen. Jedenfalls sah man, dass allmählich größere Gruppen den Zug verließen und der Zugführer die Trennscheibe zuzog und wir nun nach 45 Minuten endlich weiterfahren konnten.

Und während wir vom Bahnsteig wegrollten, merkte ich, dass sich selbst die anfänglich so freundlichen Erste-Klasse-Passagiere irgendwie verändert hatten. Irgendwie blickten sie nun misstrauisch um sich. Vielleicht ohne es zu merken, genauso wie ich es wohl getan habe, denn eine blonde, füllige Frau, mit der ich nun Schulter an Schulter auf einem Metallkoffer saß, wandte sich mir abrupt frontal zu, als wolle sie sich verteidigen: „So sorry. Wir missen cheute Flugchafen! Nach Moskwa. Tut mir so leid."

Einige drehten sich mit einem kleinen Entsetzen zu ihr um, sie lächelte zurück. Man beäugte sich plötzlich gegenseitig und auch die jungen Leute, die im Gang auf dem Boden saßen und mit ihren Rucksäcken die Türen versperrten. Durften die da überhaupt sitzen? Oder der ältere Mann direkt neben der Tür. Ob der eine Reservierung hat, so keuchend und schweißgebadet wie er da saß? Gehörte er denn hier hin?

Ein Amalgam aus verschiedenen Ereignissen – Streik, ausgefallene Züge, starker Wochenendverkehr – erzeugte einen, nicht einmal beabsichtigten, Druck auf die Einzelnen, dass in der Folge ein körperlich spürbares Misstrauen wie Hefe aufzuquellen begann, um so etwas Lapidares wie ,reservierte Plätze' oder zu viele Reisende.

Ich glaube, dieses Beispiel zeigt, wie subtil Verknappung und äußerer Druck die Vernunft beeinflussen und sie sogar, je nach Intensität, lähmen wie ein Serum. Es macht deutlich, welch ein Gift die Verknappung von Arbeit und gesellschaftlicher Teilhabe sein kann. Sie entstellt Menschen und macht sie unberechenbar, nicht weil Menschen Monster sind, sondern weil sie in Not geraten und Angst bekommen.

Was in der virtuellen Moderne noch völlig ungeahnte Folgen haben wird. Denn anonymisierte Strukturen, permanente Abrufbarkeit und Vereinzelung entwickeln einen noch nicht gekannten Druck auf den Verstand und die Seele, und ich befürchte, dass dann kein Geld der Welt und keine Bundespolizei das Anwachsen von Mistrauen, Not und Angst aufhalten kann.

Ich möchte noch einmal an meinen Anfang erinnern. Migranten sind Menschen, die sich unter größter Entbehrung auf den Weg machen. Egal aus welchem Grund. Es ist unterm Strich immer ein wirtschaftlicher. Denn es geht immer um ein würdevolles Gestalten des Lebens.

Flüchtlinge oder Einwanderer sind keine amorphe Masse, die man in die eigenen Gesellschaften unterrührt wie Eischnee. Es sind Einzelschicksale, Einzelentscheidungen, Einzelgeschichten. Und jede ist es wert, gehört und geachtet zu werden.

Die zwei wichtigsten Themen der Zukunft werden sein: der Klimawandel und der Menschenwandel. Die postfeudalen Finanzmärkte vernichten unaufhaltsam Lebensräume und Lebensträume. Über alle Grenzen hinweg. Irgendwann wird jeder von uns davon betroffen sein.

Ich appelliere daher an die Politik, sich das Primat über die soziale Marktwirtschaft wieder zurückzuholen, und endlich ganzheitlich zu denken: Holt die Philosophen dazu, die Künstler, die Wissenschaftler und die Bürger! Wir können die anstehenden Probleme nur gemeinschaftlich und ganzheitlich lösen!

Toleranz ist Tyrannei in Häppchen

*Auszug aus einem Interview im Vorfeld des 2. Saar-Hunsrück Musik-
und Literaturfestivals am 30./31. August 2014 auf der Saarburg, veröffentlicht am 5. August 2014.*

Sie werden aus Ihrem Buch Respekt *lesen. Was war der Auslöser, dieses
Buch zu schreiben? Gibt es einen konkreten Hintergrund?*

Seit Mitte der neunziger Jahre spürte ich immer mehr, dass
unser Leben irgendwie fremdbestimmter wurde und dass
das »Miteinander-Verbinden« nicht nur nicht mehr gewollt war, sondern, dass das Getrenntsein zum Prinzip der
virtuellen Moderne geworden war. Nach der Finanzkrise
2007/2008 habe ich angefangen zu recherchieren.

*Sie unterscheiden in Ihrem Buch deutlich zwischen Respekt, Toleranz
und Akzeptanz. Toleranz ist nicht gleichzusetzen mit Respekt. Klassifi-
ziert man Menschen mit seiner Toleranz zu zweitklassigen Menschen?
Was bedeutet Respekt für Sie persönlich?*

Toleranz gründet auf ein Herrschaftsdenken und besteht
auf Distanz und Unterordnung und kultureller Hierarchie.
Toleranz simuliert Akzeptanz, indem sie andere gewähren
lässt. Allerdings immer nur so weit und nur so lange, wie es
die Interessen der Herrschenden nicht infrage stellt. Toleranz ist Tyrannei in Häppchen. Respekt dagegen geht von
der Gleichrangigkeit aller Menschen aus – auf Augenhöhe
und in einem herrschaftsfreien Raum.

*Sehen Sie im mangelnden Respekt auch den Grund steigender Gewalt?
Wird Respekt nicht mehr gelehrt? Leben wir in einer respektlosen Gesellschaft?*

Ich will versuchen, die Komplexität der Antwort in ein paar Sätzen zusammenzufassen. Vor allem leben wir in sich immer mehr spaltenden Gesellschaften. Die Textur der Demokratien ist so porös, wie ich sie während meiner Lebenszeit noch nie beobachtet und gespürt habe.

Da hat sich zum einen der Arbeitsbegriff fundamental verändert und manifestiert die Schere zwischen Arm und Reich dauerhaft. Das wiederum ist pure Demütigung für die Betroffenen und nur ein Signal dieser Entwicklung. Die zunehmende Gewalt ist ein weiteres. Dann kommt etwas ganz Neues hinzu, dessen sich der moderne Mensch erst einmal selbst bewusst werden muss, das Switchen zwischen der analogen Welt und der virtuellen: Hier die wirkliche Identität, dort die inszenierte Identität. Hier begrenztes Raum-Zeit-Moral-Gefüge, dort die pure Grenzenlosigkeit und Maßlosigkeit. Hier die Sichtbarkeit, dort die Anonymität und so weiter. Das hat fatale Konsequenzen für die Identität jedes einzelnen und auch für das gesellschaftliche Gefüge – für die Bindungsfähigkeit!

Um all das jedem einzelnen wirklich bewusst zu machen, müssen wir sowohl individuell als auch auf gesellschaftlicher Ebene handeln. Individuell müssen wir in der Ausbildung schon sehr früh beginnen. Da brauchen wir vor allem neue Ausbildungsinhalte – Stichworte Kreativität und handlungsorientiertes Wissen. Gesellschaftlich brauchen wir Aufklärung. Da brauchen wir einen neuen Konsens: Unser Ziel muss sein, die ökonomischen Spaltungen zu schließen, das soziale Gefälle auszugleichen mit zum Beispiel einem bedingungsloses Grundeinkommen. Wir müssen Hierarchien abbauen und die Gleichrangigkeit aller gesellschaftlichen Arbeit anerkennen. Die Moderne schreibt einen vollkommen neuen Arbeitsbegriff vor. Es geht nicht mehr darum, die (Erwerbs-) Arbeit zu verbessern, sondern diese mehr und mehr abzuschaffen. Und das kriegt man nicht mehr mit einem „Gutes-Benehmen-Training" korrigiert – wie es uns einige Kommunikationstrainer vorgaukeln.

Ihre Wurzeln liegen in der Türkei. Sie haben in einem Ihrer Bücher Ihr Leben als eine Suche nach der Identität zwischen den Kulturen beschrieben. Kann diese Suche jemals beendet werden oder wird es eine lebenslange Suche bleiben?

Ich glaube, die Suche nach dem »Wer bin ich und warum?« hört nie auf, egal, wo man geboren ist und wie alt man ist. Das ist das Gesetz des Lebens: Jeder Tag fängt von vorne an. Ich kann mich nur bis heute erklären, aber ich weiß nicht, was mich morgen erwartet und wie ich reagieren werde. Übrigens wird man auch nicht klüger oder weiser, nur etwas bedachter, ein klein wenig, finde ich.

ANDERS ALT WERDEN

Nein, überhaupt nicht. Die Auseinandersetzung mit dem Thema Respekt zum Beispiel begleitet mich schon mein Leben lang. Bereits in meinem ersten Programm 1981 „Aber es kamen Menschen" habe ich den Zynismus der Integrationspolitik thematisiert. 1997 habe ich im Kölner E-Werk in dem Programm „RESPEKT" spartenübergreifend mit Tänzern, Orchester und einer Videoinstallation das Verbindende der Religionen gezeigt. Ich wollte zeigen, dass uns viel mehr verbindet als trennt. Heute ist das Trennende nicht nur gewollt, sondern Zeitgeist und grundlegende Praxis. Damit die Flexibilisierung sämtlicher Lebensbereiche funktioniert, braucht es Bindungslosigkeit und ständige Abrufbarkeit. Dies sind auch die Themen meines neuen Buches, das im Frühjahr 2014 herauskommt.

Wo sehen Sie den Unterschied zwischen Respekt und Toleranz?

Toleranz bedeutet Duldsamkeit. Respekt dagegen heißt Zurückblicken, was augenblicklich das Verbindende sucht. Integration wiederum bedeutet Unterordnung unter das Ganze bei Aufgabe des Eigenen. Wenn Rechtspopulisten in einem Atemzug mit ihrer hermetischen Leitkultur auf Integration und Toleranz bestehen, so wird jedem Schulkind deutlich, dass die Politik die Jahrzehnte währende Abgrenzung zu Einwanderern absichtlich erhalten hat.

In Ihrem Buch heißt es: „Ich lebte das Innere der Migration." Was meinen Sie mit diesem Satz?

Ich bin eine Eingewanderte. Jeder, der in ein neues Land kommt, wie Millionen Türken nach Deutschland, versucht sein Bestes zu geben, sich mit diesem Land zu synchronisieren. Ohne die Sprache zu beherrschen, ohne zu wissen, wo es lang geht. Nur der, der für längere Zeit in einem anderen Land gelebt hat, ahnt und kann nachvollziehen, wie verletzend die alltäglichen kleinen Ausgrenzungen sind. Wie sie jeden, der sein Bestes versucht, täglich wieder ein Stück entkräften, demütigen und beschämen.

Ich tauge nicht als Vorbild

Sie ist eine Hippie-Seele mit Rock'n'Roll-Geist: Im ID55-Interview spricht die Schauspielerin und Autorin Renan Demirkan, 58, Klartext über das Alter. Eine Widerspenstige, eine Anstifterin, ein „UHU" – auch im Gespräch immer alle Antennen auf Empfang.

Interview: Ulrike Wahl, Susanne Schübel
Fotos: Bettina Engel-Albustin

6

Migration – Integration

Auf dem Weg in ein Anwachsen

Vortrag vor Friseurinnen und Friseuren in Istanbul auf Einladung der Firma Goldwell, gehalten am 28. Mai 2013

Als ich gebeten wurde, in Istanbul vor Friseurinnen und Friseuren zum Thema ‚Migration und Integration' zu sprechen, habe ich gerne zugesagt. Besonders deshalb, weil für mich und in meinem Leben Haarkünstler und Haarkünstlerinnen enorm wichtige und unentbehrliche Menschen sind. Und weil das Haareschneiden zu einer meiner intensivsten menschlichen Erfahrungen in meiner Kindheit gehört. Und das ist keine Floskel, wie Sie gleich hören werden.

Allerdings möchte ich Ihnen vorab meine Distanz zu den genannten Begrifflichkeiten beschreiben. Denn als Kind von Migranten und als eingebürgerte Deutsche spreche ich lieber vom Ankommen und Anwachsen und der Teilhabe am gesellschaftlichen und kulturellen Geschehen.

Nicht nur weil ich das Wort ‚Intergration' im Zusammenhang mit Einbürgerung und Teilhabe am kulturellen und politischen Geschehen eines Landes für falsch halte. Sondern weil die ‚Politik der Integration' das Hauptinstrument eines Herrschaftsdenkens ist.

Ich weiß, dass sich das sehr hart anhört, aber übersetzt bedeutet Integration: sich unterordnen unter das Ganze bei Aufgabe des Eigenen. Und diese Geisteshaltung bezieht sich auf alle, die nicht in das vorgegebene Profil des ‚Ganzen' passen, wie Arme, Kranke oder eben auch ‚Ausländer'.

Aber wer bestimmt das Ganze? Wer bestimmt die Leitlinien des Ganzen? Und wie sehen diese Leitlinien aus? Es müssen andere sein als die, die im Grundgesetz stehen. Denn da lautet Artikel 1: „Die Würde des Menschen ist unantastbar." Und eben nicht: Die Würde des reichen, gesunden und reinen Deutschen ist unantastbar.

Integration geht also per Definition von der Ungleichheit des Gegenübers aus.

Mit solch einer Vorgabe ist es schlicht unmöglich, ein gleichrangiges und respektvolles Miteinander zu praktizieren. Sich unterordnen zu sollen ist demütigend und produziert nur noch mehr Ausgrenzung und Rückzug. Und es spaltet das Gemeinwesen – je nach Auflage – in Arme und Reiche oder in Einheimische und Ausländer.

Gerade habe ich einen Preis für mein ‚Lebenswerk‘ bekommen – aber ich versichere Ihnen: Ich weiß noch immer nicht wie das Leben geht.

Denn noch immer versuche ich anzukommen in diesem oft schmerzvollen, aber auch immer wieder wunderschönem Leben – sowohl in meinem deutschen Leben, als auch in dem türkischen, im Leben als Künstlerin und Mutter, als Frau und Geliebte, als Denkerin und Gläubige. Und dennoch werde ich nie eine Integrierte sein!

Ich bin auf dem Weg in ein Anwachsen – in die Assimilation. Aber das ist etwas komplett anderes als ‚Integration‘. Assimilation meint das Gegenteil. Was weder eine Sünde ist, noch Teufelswerk, wie es der damalige türkische Ministerpräsident Erdogan vor Jahren bei einer Veranstaltung in Köln behauptete.

Assimilation geschieht vom ersten Augenblick an, sobald wir Neues betreten.

‚similis‘ ist Lateinisch und bedeutet: ähnlich (werden). Es ist die schrittweise Veränderung menschlicher Erfahrungen. Und in der Folge die Aneignung unbekannter Rituale. Die aber die altbekannten nicht auflöst, sondern durch neue erweitert und ergänzt. Wohingegen beim Integrationsdenken die alten Rituale zu verschwinden haben.

Assimilation geschieht im besten Fall aus Freiheit und selbstbestimmt. Integration geschieht immer per Dekret und auf Druck.

Ein Beispiel für das ‚Ähnlichwerden‘ ist das Weihnachtsfest, das wir gleich im ersten Jahr unserer Ankunft 1962 in Deutschland adaptiert haben. Nicht nur, weil Weihnachten für mich das schönste Fest der Welt ist, sondern weil es uns sofort mit unseren Nachbarn verbunden hat.

Aber danach hat meine Mutter – die eine praktizierende Muslima war –, wenn der Fastenmonat begann, trotzdem Aschüre gekocht und gefastet. Und wenn das islamische Fest vorbei war, hat sie Eier gefärbt für Ostern. Ganz selbstverständlich, weil es alle anderen auch taten. Weil es uns gefallen hat und weil es etwas war, was uns mit unseren Nachbarn verbunden hat – im Haus, im Dorf, in der Schule und auf der Arbeit.

So oder so ähnlich geschieht überall auf der Welt das schrittweise Anwachsen und Ankommen nach einem Umzug oder nach einer Wanderung – oder eben auch nach einer Migration, was Umzug im Lateinischen bedeutet.

Das mag bei einem transkontinentalen Umzug besonders auffällig sein, zumal die Rituale in anderen Sprachen gefeiert werden. Aber er ist nicht weniger umwälzend für die Betroffenen, wenn es sich ‚nur‘ um eine inländische Migration handelt – wie zum Beispiel beim Versuch, vom Ghetto am Stadtrand in die Innenstadt des Mittelstands zu wechseln.

Und deshalb möchte ich Ihnen eine Geschichte erzählen, die diese ausgrenzenden Begriffe ‚Migration‘ und ‚Integration‘ in sich selbst auflöst:

Ich muss so um die 13, 14 Jahre alt gewesen sein, als mich unsere Nachbarin, Frau Winterhoff, fragte: „Kannst du mir mal die Haare schneiden?"

Ich weiß bis heute nicht, warum sie ausgerechnet mich gefragt hat und nicht meine Mutter, denn ich war ja noch ein Kind.

Aber irgendwie vertraute sie mir wohl auf einer rein menschlichen Ebene. Vielleicht weil ich als ‚Ausländerin‘ auch zu einer Art Minderheit gehörte. Zu einer anderen Minderheit zwar als sie, aber Minderheiten untereinander sehen das nicht so eng. Denn da gibt es per se etwas Verbindendes zwischen Ausgegrenzten.

Vielleicht wollte Frau Winterhoff deshalb schon nach zwei Minuten unserer Bekanntschaft, dass ich sie mit ihrem Vornamen anrede: „Nenn mich doch Brigitte", sagte sie.

Aber ich blieb bei der distanzierten Sie-Anrede.

Sie besuchte mich und meine Schwester auch oft mal nur so zwischendurch, am Nachmittag, bevor unsere Eltern von der Arbeit heimkamen. Wir wohnten Tür an Tür im dritten Stock. Sie und ihr Mann hatten sich in der linken Haushälfte eingemietet, jenen Teil mit den Zweizimmerwohnungen mit Balkon. Wir lebten auf der rechten Seite, in der es nur Dreizimmerwohnungen mit Balkon gab.

Alle Mieter waren Erstmieter in dieser nagelneuen sandgelben Wohnanlage für städtische Angestellte mit einem großen Spielplatz vor der Tür. Und irgendwie waren wir alle auch stolz auf unser neues Leben in der Gemeinschaft der städtischen Angestellten.

Die kinderreiche Familie des Müllfahrers in dem Block mit den Vier- und Fünfzimmerwohnungen genauso wie die alleinstehende Lehrerin in dem Appartementblock.

Und weil ich die Hippiebewegung bewunderte und schon immer gern phantasiert habe, stellte ich mir damals vor, dass unsere Siedlung eine Art Woodstock für Angestellte wäre – und dass wir uns alle irgendwann auf dem Spielplatz treffen und tanzen würden. Das ist aber nie passiert. Ich wusste damals noch nicht, wie verschieden städtische Angestellte sein können.

Frau Winterhoff erzählte oft von ihrer Kindheit und einem tiefsitzenden Kummer, dessen Einzelheiten mein soziales Gewissen entscheidend mitgeprägt haben, ohne dass ich damals die volle Dimension ihres Traumas auch nur im Ansatz hätte erahnen können.

Sie erzählte selten etwas durchgehend, sondern nur in Fragmenten: Ihre Eltern hätten sie schlecht behandelt, ihr Vater wäre ganz besonders schlimm gewesen, und ihre Mutter hätte ihr tagelang nichts zu essen gegeben. Immer wieder wiederholte sie den Satz: „Ich verstehe nicht, warum die so gemein zu mir waren!"

Die letzten Jahre sei sie im Heim gewesen und hätte ihren Mann nur geheiratet, weil sie so schnell wie möglich weg wollte von den „Asozialen" und raus aus dem „Puff der Plattenbauten".

Aber jetzt schien sie zufrieden zu sein, in dieser sauberen Neubausiedlung mit einem Mann, der doppelt so alt war wie sie – und der als einer der ersten Programmierer bei der Stadt Hannover sicheres Geld nach Hause brachte.

Sie allerdings durfte auf sein Geheiß hin nicht arbeiten gehen und putzte so von morgens bis abends die kleine Wohnung, saß mal auf dem Balkon oder warf ab und zu den Kindern auf dem Spielplatz Bonbons runter.

Eigentlich war ich überfordert mit all ihren Geschichten. Aber auch fasziniert von dem Schrecklichen, das sie erlebt hatte. Alles klang so unwirklich grausam wie sämtliche Märchen der Gebrüder Grimm zusammen.

Sie war nur ein paar Jahre älter als ich, sah aber aus wie meine Mutter. Als wäre sie schon viel länger auf der Welt als die zwanzig Jahre auf ihrer Geburtsurkunde. Damals verstand ich noch nicht, was Missbrauch und Gewalt in Kindern zerstört und dass das Trauma nie vergeht.

Ich war voll Staunen über Frau Winterhoffs Überlebenswillen und ihr Durchhaltevermögen, trotz der tiefen seelischen Beschädigungen. Und bewunderte diesen reinen Überlebenswillen, dieses pure Überlebenwollen: nur atmen können – komme was da wolle. Damals hätte ich mir im Traum nicht vorstellen können, dass sie diese Kraft je verlieren könnte.

Denn meine Eltern waren ja genauso, genauso unerschütterlich zukunftsorientiert. Wie übrigens alle Migranten, die ich kennengelernt habe. Auch meine Eltern glaubten felsenfest, dass alles gut werden kann – durch ihrer Hände Arbeit.

Aber – im Gegensatz zu Frau Winterhoff – waren beide glücklicherweise in stabilen Familienstrukturen aufgewachsen.

Es macht mich immer wieder sprachlos, wenn ich sehe und höre, was Menschen alles zu ertragen bereit sind, nur um weiterzuleben!

Leben um des Lebens willen scheint mir die intensivste Kraftquelle des menschlichen Geistes zu sein. Ob wirtschaftliche Not, Hunger, Folter oder Missbrauch – der Mensch sucht und zieht weiter, flüchtet oder versteckt sich, weil er unerschrocken an den nächsten Moment *glaubt*. An den nächsten Tag, an irgendeine, bessere Zukunft, die ihn befreien soll von seiner Not.

Bis heute bewundere ich den Mut meiner Eltern, als Anfang Dreißigjährige mit zwei kleinen Kindern die Koffer zu packen und nur in die eigene Kraft vertrauend in ein völlig fremdes Land zu ziehen – ohne Verwandte und Freunde.

Nur sich selbst und die Kinder an der Hand und einen unerschütterlichen Glauben an ein besseres Leben! Ohne zu wissen, ob sie selbst jemals davon profitieren würden. Und ich bin froh, Ihnen sagen zu können, dass meine Eltern nie verbittert waren. Aber sie waren beziehungsweise sie sind tief enttäuscht und auch gespalten.

Mein 90-jähriger Vater, der liebend gern nach Deutschland gezogen ist, weil er ein begeisterter Anhänger der deutschen Geistesgeschichte ist und zwanzig Jahre lang nicht einmal zurückfahren wollte, sagt bis heute: „Sie (gemeint sind die Deutschen) haben uns nie gewollt!" Und dennoch hat er sich seine Grabstätte in Hannover reserviert.

Meine 2005 verstorbene Mutter dagegen wollte zwar immer zurück, blieb aber aus Liebe zu ihren Töchtern und Enkelinnen bis zu ihrem Tod – Allah rahmet eylesin – Gott hab sie selig! Am 22. September brachten wir sie ihrem Wunsch gemäß zurück in ihr Heimatdorf Köprübaşı, das übersetzt ‚Anfang der Brücke' heißt.

Ich habe diesen Zwiespalt ausführlich beschrieben in meinem Buch *Septembertee oder Das geliehene Leben*.

Den Eersten sien Dood, den Tweeten sien Noot, den Drüdden sien Broot, resümierten die Torfstecher aus dem Teufelsmoor im 18. Jahrhundert. Diese Menschen ertrugen über Generationen hinweg die Höllen aller denkbaren Übel, Armut, Krankheit und Pestilenz, weil sie schließlich auf dem von ihnen beackerten Land bleiben durften und das einst *geliehene* Land so zu ihrem Besitz wurde.

Offensichtlich sah Frau Winterhoff eine Verbündete in mir. In mir, dem Ausländerkind, das dank seines akademischen Vaters ebenfalls in einer Neubausiedlung für städtische Angestellte wohnen durfte. Denn mein Vater war einer der ersten türkischstämmigen Hoch- und Tiefbauingenieure im Hannoverschen U-Bahnbauamt.

Also schnitt ich ihre Haare.

Es waren ganz dünne und oft sehr fettige Haare und anfangs hat es mich geekelt, sie anzufassen. Besonders die erbsengroße Warze am linken Hinterkopf. Glücklicherweise hat sie das irgendwann bemerkt und wusch sich die Haare bevor sie mich zu sich rief.

Dann setzte sie sich vor ihren Schlafzimmerspiegel und hängte sich ein riesiges Handtuch über die Schultern und deckte den viel zu engen Gang zwischen Ehebett und Kommode mit endlos vielen Zeitungspapierschichten zu. Ich bekam noch ein Glas Limonade hingestellt und sie trank immer eine Kanne Kaffee zu einer halben Packung *Ernte 23*.

Ich raschelte fast eine Stunde durch den dichten Qualm um sie herum und schnitt mal hier, mal da, und sie erzählte ohne Unterbrechung, während ich stumm mein Tun immer wieder im Spiegel kontrollierte.

Das Haarescheiden war eigentlich nur Mittel zum Zweck für Frau Winterhoff – um zu erzählen. Wie eine Art Meditation. Ich hatte das Gefühl, irgendwie kam sie in dieser gemeinsamen Zeit zur Ruhe.

Und wenn ich ganz ehrlich bin – geht es mir heute auch genauso. Ich freue mich sogar auf diese Auszeit, die ich mit meiner Kurzhaarfrisur ja regelmäßig alle sechs Wochen einplanen muss.

Dann suche ich mir aus, in welchem meiner vier Kölner Lieblingssalons ich sitzen möchte und rufe an. Entweder Michael, Nuran, Petra oder Richard. Und je nach Laune setze ich mich dann in eine schwule Ornamentik oder in ein gediegenes Kleinbürgertum, in das chillige Singeldasein oder in designtes Understatement. Und jedes Mal geht es mir gut danach.

Denn für eine kurze Zeit bin ich außerhalb meines Trotts und es gibt wirklich einen sehr intensiven persönlichen Austausch. Und danach geht jeder wieder seiner Wege.

Friseure gehören für mich zu den HeldInnen des Alltags.

Sie sind großherzige Menschen, die – je nach Situation – auch beste Freundin sind, und, wenn es nötig wird, sich sogar als wirklich gute Therapeuten bewähren. Ich habe es selbst erlebt!

Und ich freue mich, dass Sie mich eingeladen haben, damit ich diesen Satz mal öffentlich sagen kann! Quasi als ein Generaldankeschön an alle HaarkünstlerInnen, die mir wirklich immer sehr aufmerksam zugehört haben!

Genauso wie ich als 13-, 14-Jährige Frau Winterhoff zugehört habe.

Und wenn ich fertig war, bekam ich ein Stück Schokolade und ganz viel Lob, wie begabt ich doch sei und dass ich sicher irgendwann einen eigenen Salon haben würde.

Frau Winterhoff hätte mir gern etwas Geld gegeben, aber sie selbst hatte nichts. Sie war zwar ganz bewusst als Hausfrau von ihrem Mann ‚angestellt' worden und sie bekam auch ein Haushaltsgeld, aber das rechnete er nach jedem Einkauf pfenniggenau ab.

Glücklicherweise gibt es von dieser Sorte Männer zunehmend weniger, aber an der Unterbezahlung von Dienstleistungen hat sich seit 1970 nicht viel geändert – sei es im Haushalt oder im Friseursalon, im Altenheim oder in der Kinderbetreuung.

Als ich 17 war zogen wir in eine größere Wohnung mit zwei Balkonen in einen anderen, neugebauten Komplex für städtische Angestellte, und ich sah Frau Winterhoff immer seltener.

Irgendwann hörte ich, dass sie einen Sohn bekommen habe und dass ihr Mann sehr stark trinke und noch etwas später dann, dass auch sie leider schon mit Bier frühstücken würde.

Der Sohn muss so um die zehn Jahre alt gewesen sein, als die alkoholgeschädigten Organe seines Vaters versagten. Frau Winterhoff musste wieder zurück an den Rand, wohin sie nie wieder gewollt hatte. Sie konnte die Miete in der für sie so schönen, neuen Welt der städtischen Angestellten nicht mehr aufbringen.

Und trotz mehrerer Entzugsversuche hat ihre Kraft nicht mehr ausgereicht, dem Rand ein weiteres Mal zu entkommen. Schließlich wandte sich auch noch der Sohn von seiner trinkenden Mutter ab. Sie verstarb schließlich in einer der heruntergekommensten Gegenden des Hannoverschen ‚sozialen' Plattenbaus.

Leider konnte sich Frau Winterhoff nicht noch weiter assimilieren, sich weiter annähern an die Mittelschichtwelt und sich nicht in ihr einnisten, konnte leider nicht die Anerkennung und die Achtung bekommen, die sie gebraucht hätte, um sich nach dem Tod ihres Mannes noch einmal von Grund auf neu zu mobilisieren.

Vielleicht war ihre innere Entfernung zu weit weg von den ersehnten bürgerlichen Strukturen, dass sie sich ohne Unterstützung nicht annähern konnte.

Auch die ‚Integration' hat sie nicht gerettet. Im Gegenteil: Für die Vorgaben der Mehrheitsgesellschaft war sie als Alkoholikerin schlicht zu krank und damit nicht mehr unterzuordnen.

Sie sehen, Umzüge – Migrationen haben nicht nur unendlich verschiedene Gesichter. Sie sind auch in ihrer Entwicklung und in ihrem Ausgang so verschieden wie der Fingerabdruck der umgezogenen Menschen.

So gesehen sind wir alle Umherziehende. Einige mit größerem Gepäck, andere mit unbekannten Sprachen oder Religionen und wieder andere haben nur den Stadtteil gewechselt und sind trotzdem nie angekommen oder heimisch geworden.

Deshalb versuche ich immer genauer zu verstehen, was uns ALLE daran hindert, so selbstbestimmt wie möglich leben zu können. Ich versuche zu verstehen, was unser aller Alltag und unser aller Zukunft so torpediert, dass wir immer mehr Scham und Demütigung spüren.

Für mich haben Begriffe wie Migration oder Integration, Islamismus oder alternativlos, Wachstum, Sozialschmarotzer oder Existenzminimum nur sozialpolitische Alibifunktionen.

Wenn ich politisch im ganzheitlichen Maßstab denke, dann steht meiner Überzeugung nach nur das Wohlergehen und die Teilhabe jedes einzelnen Menschen im Vordergrund.

Egal welcher Herkunft, gleich welchen Alters oder welcher Religion. Ich mache keinen Unterschied zwischen Zugewanderten und Vorortgeborenen, zwischen einer Mehrheitsgesellschaft und den Minderheiten.

Für mich geht es immer mehr darum, dass wir uns als eine Gesamtheit begreifen müssen. Nicht nur wie die einzelnen Finger an einer Hand, sondern wie die ganze Hand, die mit dem Arm verbunden zu einem ganzen Körper gehört. Wir alle sind Finger, Hand, Arm und Körper einer Gesellschaft – jeder Einzelne von uns ist das Ganze.

Und wenn die soziale Balance in einem Land stimmt, dann klappt das auch mit dem Zusammenleben aller Minderheiten.

Schon im Indusitiezeitalter war es fast unmöglich, aus den ‚Puff-Plattenbauten' wegzuziehen, auszuwandern vom Rand in die Mitte der Gesellschaft. Genau wie Frau Winterhoff.

In der digitalen Neuzeit aber wird es überhaupt keine Chance mehr geben, jemals aus dem analogen Ghetto wieder rauszukommen.

Wer an den Rändern der Gesellschaft landet, wird da bleiben, weil das Tagelöhner-Entgelt in der durchtechnisierten, flexibilisierten und deregulierten Moderne nur noch zum täglichen Überleben reicht!

Und ich habe die große Furcht, dass der sozialen Obdachlosigkeit ganz bald auch die kulturelle Obdachlosigkeit folgen wird. Aber das wird dann politisch kaum noch zu bändigen sein. Die Geschichte ist voll von Grausamkeiten, die geschehen sind, wenn Menschen den Halt und die Orientierung verloren haben.

Als Mitte des 18. Jahrhunderts das Brot in Frankreich zu teuer geworden war und dem Volk die Mitsprache untersagt wurde, setzten die Hungernden die Bastille in Brand.

Als in den 1930er Jahren über sechs Millionen deutsche Arbeitslose den Lebenssinn verloren hatten, sind sie mit ausgestrecktem Arm einem Massenmörder gefolgt.

Und dass die heutigen ‚Unruhen' bereits beängstigende Formen haben, belegen die aktuellen Berichte aus den Pariser Vororten und von den spanischen Obdachlosenprotesten, die brennenden Autos und Hütten aus den schwedischen Ghettos und die Toten der rassistischen deutschen Schlägertrupps quer durch die Republik.

Wissen Sie was Neugeborene direkt nach dem Atemschrei tun? Sie machen eine Faust. Und sie rudern so lange mit ihren kleinen geballten Händen herum, bis sie etwas zum Halten finden. Und das tut jedes Baby durchgehend in den ersten Wochen. Ob sie schlafen oder wach sind: Sie rudern mit ihren kleinen Fäustchen so lange herum, bis sie die Umrisse von Gesichtern erkennen können. Das ist ein Relikt aus der Urzeit, als wir noch Affen waren.

Die kleine Faust ist der Griff ins Fell, um nicht fallengelassen zu werden. Das heißt: Wir alle kommen auf die Welt mit einer Urangst, keinen Halt zu finden. Und mit der Ursehnsucht nach einer Zugehörigkeit. Es ist das Verlangen nach dem Schutz durch die Gemeinschaft von Verwandten und Gleichgesinnten.

Was bedeutet: Der Mensch ist ein soziales Wesen – per DNA.

Wären wir Egoisten, so würden wir als erstes an die Brust wollen, um satt zu werden. Aber wir brauchen zu allererst einen Halt, und das gilt für unsere gesamte Gattung. Für jeden einzelnen Menschen unter jedem Himmel der Erde. Und die Menschen werden so lange umherziehen, bis jeder seinen individuellen Halt im Fell *seiner* Welt gefunden hat, um dann dort anzuwachsen und weiterzuleben.

Vielleicht verstehen Sie jetzt etwas besser, warum mir die eingangs genannten Begriffe zu wenig sind, um die Schieflagen im Ganzen zu erklären.

Am Beispiel von Frau Winterhoff wird für jeden erfahrbar, dass der sogenannte kulturelle Unterschied ein vorgeschobenes Argument ist, wenn es um das soziale Scheitern von Schwachen geht.

Verantwortlich für die Ghettoisierung einer Gesellschaft – sei es in islamische Fundamentalisten oder in deutsche Rassisten – ist nicht die Herkunft der Extremisten, sondern ihr sozialer Status. Ankommen und Anwachsen ist zu allererst eine Frage der sozialen Herkunft – und nicht eine Frage der ethnischen Herkunft. Ähnlich werden braucht Teilhabe und Möglichkeit!

Ich rede bewusst nicht von Gerechtigkeit, die immer nur im Auge des Betrachters liegt. Selbst die Justiz spricht nicht von einer objektiven Gerechtigkeit. Aber Teilhabe in Form eines würdigen Verdienstes – einer Festanstellung oder eines regelmäßigen Grundeinkommens – wäre ein zugesicherter Anspruch für ein selbstbestimmtes Mitgestalten. Statt des demütigenden Almosendaseins durch Leiharbeit und Hartz IV.

Wenn die Teilhabe (von größeren Gruppen) am Gemeinwesen nicht mehr gewährleistet ist, entstehen an den sozialen Enden der Gesellschaft auf der einen Seite die verwahrlosten Ghettos der Armen, und auf der Gegenseite wachsen die Mauern um die bewachten Villen der Reichen in Turmhhöhe.

Und das ist der Sargnagel jeder Demokratie!

Ich bin dankbar und froh, dass ich als sogenannte Ausländerin mehr Möglichkeiten haben durfte, als die vorortgeborene Frau Winterhoff. Allerdings nicht wegen oder trotz meiner Herkunft.

Sondern ausschließlich aufgrund der Ausbildung und der ökonomischen Unabhängigkeit meiner Eltern und dann später auch durch meine eigene Ausbildung und meine ökonomische Selbstständigkeit.

Deshalb ärgert mich dieses Jahrzehnte andauernde stoische *Integrationsgewäsch* ganz besonders. Es erklärt nichts – vergrößert aber permanent die Distanz zwischen den Zugewanderten und den Vorortgeborenen und simuliert lediglich ein Miteinander, das politisch immer noch nicht gewollt ist.

Der Grund dafür liegt mehr als fünfzig Jahre zurück – in der Adenauerregierung von 1961. Deren damaliger Bundesminister für Arbeit und Sozialordnung, Theodor Blank, weigerte sich, das Anwerbeabkommen mit der Türkei zu unterzeichnen. Es ist überliefert, dass er die Orientalen nicht wollte, weil sie seiner Meinung nach „kulturell nicht in das christliche Abendland passten".

Ich weiß nicht, ob Ihnen bekannt ist, warum der Vertrag dann doch noch unterzeichnet wurde. Es geschah auf Druck der USA. Denn die Türkei war und ist bis heute geostrategisch und wirtschaftspolitisch einer der wichtigsten Verbündeten und NATO-Partner der Vereinigten Staaten im Machtpoker um die Vorherrschaft im Vorderen Orient.

Deshalb wurde das Anwerbeabkommen vom Außenministerium unterzeichnet, weil es unterzeichnet werden musste! Denn die Sowjetunion hatte zu jener Zeit das Schwarze Meer mit atomaren U-Booten vollgestopft!

Aber in dem – von den USA erzwungenen – Abkommen wurde das Bleiben der Angeworbenen explizit ausgeschlossen. Die Bedingungen lauteten: Es bekommen nur Singles einen Arbeitsvertrag; nur gegen Vorlage eines ärztlichen Attests; Familiennachzug ist nicht vorgesehen; die Obergrenze der Bleibeerlaubnis beträgt zwei Jahre, Rotationsprinzip genannt; die angeworbenen Arbeiter sollen aus dem europäischen Teil der Türkei stammen. Warum, wird nicht erklärt.

Übrigens wurden die folgenden Abkommen mit den beiden anderen islamischen, für die USA gleichfalls geostrategisch unverzichtbaren Verbündeten, Marokko und Libyen, exakt nach demselben Verfahren ratifiziert. Vielleicht wird jetzt etwas klarer, warum selbst ein Sozialdemokrat wie Helmut Schmidt sich gegen ein Einwanderungsgesetz gewehrt hat.

Da waren sie also, die ungewollten Türken. Und mussten sogar auf weiteren Druck durch die Industrie bleiben, weil diese nicht bereit war, alle zwei Jahre neue Arbeiter anzulernen. Denn die Mehrheit der Ankömmlinge waren ja keine Akademiker, sondern Analphabeten.

Der Politik blieb offensichtlich nichts anderes übrig, als das alles abzunicken und Jahrzehnte lang Pseudo-Wir-Programme der ‚Integration' zu entwickeln, wovon aber – bis heute! – keins ein gesetzliches ‚Wir mit islamischer Beteiligung' akzeptieren will.

Präzise gesagt: Deutschland will immer noch kein Einwanderungsland mit Moslems sein!

Abgesehen von Hamburg werden die islamischen Feiertage gesetzlich auch nicht anerkannt. Es leben rund 4,5 Millionen Muslime in Deutschland – das sind fünf Prozent der Gesamtbevölkerung –, wovon etwa die Hälfte die deutsche Staatsbürgerschaft besitzt. So wie ich.

Ich bin allerdings nicht religiös.

Aber ich bin gläubig. Ich glaube an die Humanität und die Allgemeine Erklärung der Menschenrechte, verkündet von der Generalversammlung der Vereinten Nationen am 10. Dezember 1948. Sie ist meine Kirche, meine Moschee, meine Synagoge und mein Gebet!

Artikel 1 der Menschenrechte lautet:

Alle Menschen sind frei und gleich an Würde und Rechten geboren. Sie sind mit Vernunft und Gewissen begabt und sollen einander im Geiste der Brüderlichkeit begegnen.

Die Lakaien des Kapitals

Beitrag im Vorwärts, *September 2012*

„Belgien liegt doch in Deutschland, oder?", fragte jüngst ein arg-loser englischer Teenie ein deutsches Kamerateam. Und ich dach-te mir: Es ist höchste Zeit für den Europaunterricht in allen Schu-len der EU. Denn zu einem echten Europa gehört vor allem ein Bewusstsein über dieses kosmopolitische, 27-teilige Mosaik der Weltkulturen.

Aber genau das war nie gewollt. Es sollte ein schrankenloses Europa der Märkte werden. Sprich ein Zusammenschluss für Banken und Spekulanten, ein Bündnis der Wirtschaftsbosse für ihren zollfreien Handel. Das ging eine Weile gut, bis sie sich so sehr verzockt hatten, dass es jetzt einigen deutschen Bossen zuviel geworden ist. Hipp, Deichmann, Bosch und sogar SAP verkünde-ten: „Nein zu Boni als Unternehmenszweck!", zu „kurzfristigem Denken" und zu „Maßlosigkeit".

Dass die Bosse höchstselbst und öffentlich die Banken kritisie-ren, hat mich überrascht. Offensichtlich treibt sie die Angst, nicht groß genug zu sein, um nicht pleite gehen zu dürfen. Nicht über-rascht hat mich dagegen die aktuelle Krise. Nicht weil Krisen un-ser Schicksal sind, wie die *FAZ* schrieb, sondern weil Gier blind macht gegenüber den Realitäten. Wunderbar zu sehen in einer Grafikstudie der Princeton University zu 200 Jahren Kapitalismus.

Dieser europäische Banken-GAU war also abzusehen! Aber war-um hat die Politik sie auch noch unterstützt mit Wahlsprüchen wie: „Sozial ist, was Arbeit schafft"? Und sich damit aus freien Stücken als Lakai dem Kapital angedient? Den Menschen als Kulturwesen eliminiert und zum abrufbereiten Tagelöhner entwürdigt?

Nun bestimmen die ganz Großen zügellos und unantastbar über die Köpfe der Politik hinweg: Die Klassifizierung „too big to fall" erpresst die Regierungen nicht nur mit „Systemrelevanz", sondern – und das ist der pure Zynismus – die Großen sind so-gar so groß, dass man sie nicht mehr zur Verantwortung ziehen könnte. Und so sitzt die Politik brav im Brüsseler Epizentrum des

Lobbyismus und kippt stündlich völkerrechtliche Vereinbarungen. Die anschließenden Begründungen klingen wie hypnotisiert: Das sei „alternativlos" und bedeute „mehr Europa". Das ist eine Lüge. Dieses Brüssel-Europa ist zum kulturellen Grab unserer Kinder geworden, und der Euro zur Währung der Ungleichheit.

Die politischen Institutionen sind zu Wachs in den Händen der Finanzwelt geschrumpft. Denn der Global Player hat direkten Zugriff auf sämtliche Entscheidungsträger vor Ort. Größer kann eine Zentralisierung von Macht kaum sein! Dieses Brüssel-Europa ist der Ausverkauf der Demokratie und muss schleunigst beendet werden! Wir brauchen ein *kosmopolitisches* und *solidarisches* Europa und *Bürgerräte*. Der Psychologe und Nobelpreisträger für Wirtschaft Daniel Kahneman stellt fest, Europa wurde einseitig auf die Jagd nach dem Mehrwert geschickt und habe nun die Balance verloren.

Ich glaube nicht, dass die Instrumentalisierung der Politik von der Politik selbst aufgehalten werden kann, denn ein Ertrinkender kann sich selbst nicht retten – schon gar nicht in Brüssel. Warum sonst ist der Libor nicht längst verboten worden? Warum gibt's noch immer keine Zinsbegrenzung für Staatsdarlehen? Wieso sind die Märkte noch immer nicht reguliert? Dieser Fragenkatalog ließe sich endlos erweitern.

Wir brauchen eine verpflichtende Bürgerbeteiligung an politischen Entscheidungen. Wir brauchen unabhängige Bürgerräte in Brüssel und in den Länderparlamenten, die – ähnlich wie Schöffen – ehrenamtlich und von der Arbeit freigestellt die Demokratie und Gerechtigkeit in die Parlamente zurückbringen! Das heutige Brüssel ist die steingewordene Abwesenheit von Politik und Humanität. Es ist die fleischgewordene Zentrale der Finanzmärkte, eine Art Guantanamo des Kapitals – mit dem Unterschied, dass hier nicht nur Moslems untergetaucht werden, sondern alle. Alle, die Ja gesagt haben zu diesem Roulette der Märkte!

Bitte, Gott, vergib ihnen nicht! Denn sie wussten genau, was sie taten! Sie sind die falschen Europäer! Für sie ist es egal, wo Belgien oder Deutschland oder der Rest der Welt liegen. Für die Finanzwelt ist das Brüssel-Europa nur ein Geldautomat. Und sie hat es geschafft, dass sich die Einkommen und Vermögen der Mitgliedsstaaten derart konzentriert haben, dass sämtliche Mittelschichten ausgehöhlt wurden und die sozial Schwachen völlig verarmt sind. Die Ungleichheit ist proportional zu den Gewinnen angewachsen, von Chancengleichheit kann schon lange keine Rede mehr sein. Das aber führt direkt in die wirtschaftliche Instabilität, was die deutschen Bosse zu beunruhigen beginnt. Und es löst massenhaften Identitätsverlust aus. Und die wertvollste Ressource Mensch droht zu verelenden.

Und genau das würde ein solidarisches, kosmopolitisches Europa verhindern. Es würde die Chancengleichheit über alle Grenzen hinweg vergrößern. Wir müssen weg von diesem Brüssel-Europa und dem Nationenbashing. Wir müssen zurück in die 27 Länderparlamente und ein besseres Verständnis füreinander vorbereiten. Wir brauchen Bürgerräte zur Verstärkung der Demokratie, die die Entscheidungstranzparenz bezeugen und so der Humanität wieder das Primat zurückgeben.

Denn erst wenn unsere Teenies nicht nur wissen, wo Belgien liegt, sondern auch *mitfühlen* und *teilhaben* können an dem, was die Menschen dort bewegt, erst dann sind wir auf dem Weg zu einem *echten* und *mehr* Europa!

Welche Tränen wischt es ab?

Auszug aus dem ersten Kapitels des Buches Respekt – Heimweh nach Menschlichkeit, *2011*

Die Hausfrau von nebenan will es und die Ghetto-Kids in den Banlieus und in Kreuzberg wollen es. Die Armen in den Ramschläden wollen es und die Hungrigen vor den Tafeln auch. Der Erwerbslose inmitten seiner erwerbstätigen Nachbarn will es und auch der Zugewanderte bei der Wohnungssuche.

Sie alle wollen zu allererst das eine: Respekt.

In den New Yorker Armenvierteln sprayte es die schwarze Jugend an Häuserwände, reimte es zu einer neuen Musik, ließ es sich in allen Farben, Formen und Größen in die Haut stechen:

Respect.

Die größte Soulstimme, Aretha Franklin, besang es zu einem Nummer eins Hit und weltweit echote es aus den Lautsprechern:

„I got to have a little r e s p e c t. Find out what it means to me!"

Auch heute klingt der häufigste Satz in der sogenannten Kanaksprache ähnlich: Isch will Respekt, man!

Es meint aber keineswegs den Autoritätsanspruch einer Gangsprache: ‚Ich bin stärker als Du.'

Es meint den Wunsch nach Gleichrangigkeit. Nach einem Gegenüber auf Augenhöhe, nicht um zu messen, sondern um zu *verbinden*.

Es meint nicht die Reduktion des Anderen, sondern die gemeinsame Bereicherung: ‚Achte mich, damit ich mich selbst achten kann.'

Dieser Respekt will das Interesse am *Sosein* selbst, am Istzustand des Wünschenden, mit all seiner Geschichte, mit all den Schwächen und Stärken.

„I got to have a little respect. Find out what it means to me!", meint einen Respekt *ohne* Herrschaftsanspruch.

Und der Moslem will es vom Christen.

Genauso wie der alte Mensch vom jungen.

Oder der schwarze vom weißen.

Behinderte wollen es von Nichtbehinderten.

Der Ohnmächtige vom Mächtigen.

Selbst der Kriminelle will es vom Gesetzestreuen.

Sie alle wollen RESPEKT.

Aber warum?

Was ist dieses ‚Respekt', wonach ausgegrenzte Menschen verlangen wie Verletzte nach einem Arzt?

Was schmerzt sie so sehr, dass der *Mangel* an Respekt ihren Blick schamvoll krümmt und sie mal aggressiv, mal apathisch werden lässt?

Was erhoffen sich all diese Menschen an den sozialen und kulturellen Rändern?

Und warum hört man diese *verbindende* Forderung nicht von Wohlhabenden und Besitzenden?

Brauchen sie denn keinen Respekt?

Was also ist dieses ‚Respekt'?

Wo tut man es sich hin? Und was macht es mit dem Respektierten?

Welche Geschichten – welche Tränen wischt das *Gefühl, respektiert zu sein*, ab?

Gibt es da vielleicht einen universellen ‚Respektcode' für Ausgegrenzte? Ein Zauberwort gegen Demütigung?

Warum denn sonst verlangen sie ausgerechnet nach ‚Respekt', der kaum zu finden ist, und begnügen sich nicht mit der kreuz und quer feilgebotenen ‚Toleranz' oder mit der regelmäßig reanimierten ‚Solidarität' oder mit der – bei jedem Wahlkampf wiedergeborenen – ‚Gerechtigkeit'?

Alle drei Haltungen beschreiben ein durchaus seriöses und ordentliches Miteinander und vermitteln ein großes Paket an Fürsorge, Schutz und Zugehörigkeit, die jedes Individuum für ein stabiles Ich-Bewusstsein braucht.

Und dennoch hören wir, wenn der Finger auf die eigene Brust zeigt und der Blick sich zum Gegenüber aufrichtet: Ich will *respektiert* werden.

Und das ist keine semantische Verwechslung.

Auch ich habe es immer wieder gesagt, immer wieder, wenn ich auf meine türkische Herkunft reduziert wurde.

‚So, so – in der Türkei geboren also?', hieß es oft mit einer gönnerhaften Freundlichkeit.

Manchmal mitleidig und fremdelnd, als sei ich entstellt, was mich beschämte. Und manchmal staunend und freundlich, was aber auch nicht wirklich aufbaute, denn die mitschwingende Kulanz ähnelte einem Almosen. Sie verbarg eine Distanz. Einen Sicherheitsabstand zu mir – der *Ausländerin*.

Und ich verstand den Grund nicht.

Ich wusste damals noch nicht, dass die Distanz das Urwesen der bürgerlichen Tugenden ist. Dass die viel beschworene ‚Toleranz', was übersetzt *Duldung* bedeutet, sogar auf den Abstand zu Allem besteht. Dass es ein Annehmen, ein Wir, *nicht* will.

Dass ‚Toleranz' das Manifest einer durch und durch individualisierten Kultur umschreibt, dessen Idealbild der *getrennte Mensch* ist.

„Sie ist ein Zeichen für Selbstvertrauen und für das Bewusstsein der Gesichertheit der eigenen Position", heißt es im philosophischen Wörterbuch. So lässt die Politik der Toleranz die weniger Starken und den anders Denkenden zwar geduldig *gewähren*. Gibt ihnen Freiheiten, die die Mehrzahl der Menschen auch weitgehend selbst gestalten dürfen.

Jedoch sichert diese Sicht von Freiheit nur denen besondere Vorteile, die der ‚Gesichertheit' ihrer Macht gewiss sein können. All jenen, die von sich sagen: Hier bestimme ich die Richtlinien und der Rest ist Personal, das ich zwar brauche, das aber mein Haus nur durch den Hintereingang betreten darf. Das mir mein Essen kochen und meinen Tisch decken darf, das aber selbst zusehen muss, wie es in der Küche satt wird. Und so lange diese ‚Hilfskräfte' ihre Reservate nicht verlassen, behalten sie auch ihre Freiheiten, ihre Religionsfreiheit, ihre Demonstrationsfreiheit und ihre Pressefreiheit. Aber was diese Freiheiten wert sind, welche Kraft sie entwickeln oder welche Bedeutung sie haben dürfen, steht unter der Kontrolle der ‚sicher Positionierten'. Denn ihr Weltbild bestimmt die Deutungshoheit in ihrem Haus.

‚Toleranz' ist ihre ethische Ratingagentur, die das kulturelle Ranking bestimmt, in das sich die *Anderen zu integrieren haben* oder für immer ausgegrenzt bleiben, weil sie nicht gewollt sind.

[…]

‚Toleranz' sollte nie mehr sein, als der gepflegte Vorgarten mit Jägerzaun, Blumenrabatten und Gartenzwergen. Ansehen – ja. Mitgestalten – nein. Ein Sperrgebiet mit Warn- und Verbotschildern: Betreten, Berühren und Ball spielen verboten. Vorsicht bissiger Hund!

Auch wenn Dom, Moschee und Synagoge in Sichtweite von einander entfernt stehen, wie in Köln, oder wenn Bratwurst, Döner und Pizza auf derselben Speisekarte angeboten werden, wie in Berlin, oder wenn Frankfurter Frauen mit Kopftuch Jura studieren dürfen oder die Abiturientin der Klosterschule sich für Islamwissenschaften entscheidet, so geschehen in Frechen.

Für das kulturpolitische Interesse beschränkt sich das Zusammenleben noch immer auf eine ‚befristete Aufenthaltserlaubnis', trotz Islamkonferenzen und Feierlichkeiten zum 50-jährigen Anwerbeabkommen. Es bleibt ein kontrolliertes Sich-selbst-überlassen, das die gesellschaftlichen Ränder zwar skeptisch erduldet, sich ihrer aber nie wirklich und ernsthaft annimmt. Nicht der sozialen Differenz, nicht der kulturellen Verschiedenheit. Dieses *unparteiische Gewährenlassen* ist bisweilen bereit, selbst Exzesse hinzunehmen, wie rassistische Totschläger oder Amokläufer, solange es das plurale Gefüge nicht berührt. Oder das Mantra der politischen Kaste nicht unterbricht:

‚Wir haben eine Leitkultur.' ‚Wir sind kein Einwanderungsland.' ‚Integration ist eine Bringschuld.'

Ich frage mich, welche ‚Schuld' wohl gemeint sein mag? Ist es denn eine ‚Schuld' überleben zu wollen? Familien und Freunde zu verlassen, um satt zu werden? Und in was sollen sie sich denn ‚einbringen', wenn *Einwanderer* eh nicht vorgesehen sind?

Diese Begriffsakrobatik ist nicht der einzige Widerspruch im ‚toleranten' Denksystem. Seit einem Jahr schlägt sogar ein *Sozial-*

demokrat vor, ausgewählten deutschen Frauen bis zum 30. Lebensjahr eine Geburtsprämie von 50.000 Euro anzubieten, quasi als Kopfprämie für ein gesundes *deutsches* Baby, damit Deutschland sich nicht selbst „abschaffe". Denn das „Versagen" der türkischen und kurdischen Kinder im „deutschen Schulsystem" liege an ihren „Erbfaktoren", so der Ex-Senator, weil „ganze Clans eine lange Tradition von Inzucht" hätten, was der „überdurchschnittlich" hohe Anteil an „angeborenen Behinderungen" beweise.

Und die sozialdemokratische Partei gibt zu Protokoll, *sowas*, gemeint ist die menschenfeindliche Gesinnung des Genossen, *sowas* müsse eine Volkspartei aushalten können. Als hätte es nie einen Johannes Rau gegeben, der zutiefst überzeugt war vom „Versöhnen statt spalten".

Offensichtlich schafft diese *Sowastoleranz* jeden Spagat zwischen Rassismus und Bergpredigt.

Auch wenn der Volksmund denn Begriff der ‚Toleranz' wesentlich großzügiger versteht. Im *Alltag* gibt es nämlich ein ‚versöhnendes' Miteinander, das verständlicherweise nicht immer konfliktfrei sein kann, oft sogar misstrauisch beäugelt wird, das aber von der Mehrheit der Menschen *nachbarschaftlich* und *kooperativ* gelebt wird.

Doch davon setzt sich die *politische Toleranz* klar als Kampfbegriff ab. Da ruft sie in der einen Sekunde zu Gleichheit durch ‚Integration' auf, um in der nächsten Sekunde die *kulturelle Ungleichheit* als eine Art völkische Demarkationslinie auszugraben.

„Repressive Toleranz" nennt Herbert Marcuse dieses unverständliche Denkmanöver und schreibt in einem Essay von 1965, Toleranz sei ein „Selbstzweck". Es sei „ein Zwangsverhalten der politischen Klasse, die die Unterdrückung so weit verringert, als es erforderlich ist, um Mensch und Tier vor Grausamkeit und Aggression zu schützen". Er beschreibt dieses Denken als „unparteiische Toleranz", die „davon absieht, sich zu einer Seite zu bekennen" und „damit (die) etablierte Maschinerie der Diskriminierung" in Gang hält. ‚Toleranz wird von einem aktiven in einen passiven Zustand überführt, von der Praxis in eine Nicht-Praxis: ins Laissez-faire der verfassungsmäßigen Behörden."

Ich frage mich, ob Gesellschaften je derart stabil sein können, dass diese ‚Laissez-faire'-Haltung nicht umkippt in eine stumpfe Willkür. Und ob es jemals eine *wirkliche* Demokratie geben kann, bei diesem Slalom zwischen kulturellem Hoheitsanspruch und dem Dulden von eigentlich Ungewolltem.

Dazu noch einmal Marcuse: „Toleranz wird auf politische Maßnahmen, Bedingungen und Verhaltensweisen ausgedehnt, die nicht toleriert werden sollten, weil sie die Chancen, ein Dasein ohne Furcht und Elend herbeizuführen, behindern, wo nicht zerstören."

Wie lange kann solch eine Politik tolerieren, dass 65 Prozent der allein lebenden jungen Menschen in der Bundesrepublik als ‚arm' definiert werden? Wie lange noch, dass ein Viertel aller jungen Erwachsenen keinen ausreichenden Bildungsprozess durchleben können? Ein Viertel der Migrationskinder *gar keinen* Abschluss schaffen? Wie lange sollen sich hoch qualifizierte alleinerziehende Mütter zwischen ihren Kindern und dem Geldverdienen zerreißen? Wie lange kann eine stetig älter werdende Gesellschaft Menschen ab fünfzig aussortieren?

[...]

Die Politik fand dazu [...] auf ihrer Internetseite für „Arbeit und Soziales" in heiter gelber Schrift folgende Antwort: „Mut machen" und in Grossbuchstaben „Armut stoppen – gemeinsam handeln". Zur ihrer Unterstützung hatte sie sich ein paar prominente ‚Mutmacher' geholt, und eine Bischöfin zitierte den 23. Psalm: „Der Herr ist mein Hirte, mir wird nichts mangeln." Ein Schauspieler dagegen Erich Fried: Was den Armen zu wünschen wäre? Dass sie im Kampf gegen die Reichen genauso unbeirrt und findig sein sollen wie die Reichen im Kampf gegen die Armen.

Und damit das alles auch richtig verstanden wird, gab es eine knackige Zusammenfassung auf mohnrotem Grund in weißer Schrift: *„Sie* sind gefragt!"

Und weil ich dachte, ich habe mich verlesen, las ich es erneut, aber es blieb dabei:

SIE SIND GEFRAGT!, stand da – mit Ausrufezeichen.

Also wir – *Sie* –, liebe Lesende, und ich, wir sind aufgefordert, Mut zu haben und Mut zu machen. Mit Ausrufezeichen.

Aber zu was genau?

Etwa dazu: Dass wir findig werden wie die Reichen? Wie soll das denn gehen ohne *reich zu sein*?

Das klingt nicht nur höhnisch, das ist es auch. Ein Schmierentheater mit ,tolerantem' Gütesiegel: Willkommen, bienvenue im Niedriglohnsektor!

Dafür sollen wir Mut machen?

Zu noch mehr ,working poor'? Werben dafür, dass immer mehr Menschen trotz *vier verschiedener* Jobs nicht satt werden? Egal ob sie Deutsche oder Ausländer sind, egal ob sie eine hohe oder gar keine Qualifikation haben?

Wissen die denn nicht, dass Arbeit zu Discountpreisen mit abgelaufenem Verfallsdatum beschämend und demütigend ist?

Wie hinterhältig, *uns* mit in die Verantwortung ziehen zu wollen, dass die Arbeit und der arbeitende Mensch zu Ramschwaren entwertet werden.

[…]

Nein, ich denke, es wird klar, warum Menschen in ihrer Bedrängnis nicht nach ,Toleranz' verlangen. Sie spüren, dass ,Toleranz' nichts bewirkt, was Menschen *verbinden* könnte.

Im Gegenteil, im Frühjahr 2011 mussten wir erneut Zeugen eines weiteren Auswuchses dieses *toleranten* Geistes werden.

Einerseits beklagten seit Wochen Politik und Öffentlichkeit mit schockstarren Gesichtern die hemmungslose Gewalt von jugendlichen Schlägern vor laufenden Kameras, um sich dann selbst, im nächsten Atemzug, über die Erschießung eines Verbrechers zu freuen, den sie zum „Terrorfürsten" aufgebauscht hatten. Auch das geschah vor laufenden Kameras, sowohl die Hinrichtung des islamistischen Führers, als auch die Freude an seiner Liquidierung.

Genau wie die Schlägereien auf den Bahnsteigen, die Ankündigungen der Amokläufe oder die Kriegsgemetzel auf Videokonsolen.

Die Kanzlerin, quasi das Zentralorgan der politischen Toleranz, trat federnden Schrittes vor die erwartungsfrohe Öffentlichkeit und sprach wörtlich folgenden Text: „Ich bin heute erst einmal hier, um zu sagen: Ich freue mich darüber, dass es gelungen ist, Bin Laden zu töten."

Also doch? ‚Toleranz' ein ethischer Schießstand der bürgerlichen Moral? Eine rhetorische Blase ihrer nach wie vor missionarischen Gesinnung?

Da ist er wieder, der schöne Schein des kultivierten Vorgartens, mit dem übergroßen Warnschild: Vorsicht bissiger Hund!

Aber wie ist es mit der Gerechtigkeit? Warum rufen die zukunftslosen Kids von Kreuzberg oder die Hungernden vor den Tafeln nicht nach Gerechtigkeit? Nach einem Wort mit einer gottähnlichen Wucht oder zumindest einer Art Absolution mit Heiligenschein?

Wenn doch Gerechtigkeit die Summe der Zehn Gebote und Inbegriff der Goldenen Regel ist: Behandle andere so, wie du selbst behandelt werden willst. Eine Königsdisziplin des bürgerlichen Tugendkatalogs, die nicht nur im Christentum von höchster Bedeutung ist, sondern in jeder überlieferten Schrift über menschliche Ethik als oberste Instanz aufgeführt wird. Nahezu im selben Wortlaut. Sei es im „Kategorischen Imperativ" des Philosophen Immanuel Kant, den mein Vater sehr verehrt:

‚Handle so, dass die Maxime deines Wollens jederzeit zugleich als allgemeine Gesetzgebung gelten könne.'

Oder als eine der Maximen des Korans, den meine Mutter stets mit sich trug: ‚Wünsche Menschen nur, was du dir selbst wünschst.'

Warum also verlangen Menschen nicht: Ich will Gerechtigkeit oder du sollst gerecht sein mir gegenüber!

Glauben sie etwa nicht mehr an die Gerechtigkeit? An die Balance der Waagschalen in der Hand der blinden Justitia?

Vielleicht gibt es ja tatsächlich keine „Gerechtigkeit in der Ungleichheit", wie Nietzsche sagt, wenn selbst die Tarifallianz *Christlicher* Gewerkschafter ihre Mitglieder zu Dumpingpreisen verschachert? Oder ein Totschläger nicht inhaftiert wird, weil er der Sohn eines Anwalts ist und nicht der eines Hartz-IV-Empfängers?

Vielleicht ist Gerechtigkeit nur eine Illusion, so wie ‚Heiligenschein' oder ‚Engel'? Vielleicht hat die Gerechtigkeit schlicht zu viele Gesichter, ist zu sehr ein Chamäleon, immer nur im Dienst derer, die die Regeln vorgeben? Denn wie anders ist zu erklären, dass alle Welt von ‚Generationengerechtigkeit' spricht und trotzdem weltweit Kernkraftwerke zulässt? Die nachweislich ein Verbrechen an den folgenden Generationen sind. Weil sie weder beherrschbar noch restlos entsorgbar sind!

Warum ist der Krieg des reichen Mannes mit Atombomben ein ‚gerechter Krieg' und der Krieg des armen Mannes mit seinem Sprengstoffgürtel ‚Terrorismus'?

Wieso ist ein gezielter Kopfschuss für 3.000 Tote im World Trade Center ‚richtig' und warum wurde niemand zur Rechenschaft gezogen wegen Hiroshima und Nagasaki?

[…]

Wer kann da noch glaubhaft die Gerechtigkeit als oberste menschliche Tugend hochhalten?

„Es gibt viele Arten zu töten", sagt Bertolt Brecht, und „nur weniges davon ist unserem Staate verboten". Sei es, dass man den Menschen in Plattenbauten steckt oder ihn als „Ein-Euro-Jobber" demütigt. Auch ist es nicht verboten, Kassenpatienten auf ihre Behandlung warten zu lassen oder Soldaten für Wirtschaftsinteressen in Panzer zum Hindukusch zu setzen.

Für wen gilt die Gerechtigkeit? Wem hilft sie? Wen schont sie? Für wen bleibt sie für immer unerreichbar?

[…]

Heißt das also, wir alle wissen, ahnen oder spüren, dass es gar keine Gerechtigkeit geben kann? Dass Gerechtigkeit eine Maskerade, eine Charade ist? Ein fortwährendes Hinzulügen?

Und schon fallen mir neue Fragen ein: [...]

Warum ist Wirtschaftskriminalität eine „Fehlspekulation", die strafrechtlich kaum verfolgt werden kann, und warum wird eine Hotelangestellte wegen des Verzehrs einer Portion Nudeln fristlos entlassen, mit der Begründung, das sei ein „Vertrauensbruch"?

Was *darf* hier noch *toleriert* werden, und wer richtet über wen?

Selbstverständlich muss Recht gesprochen, müssen Urteile gefällt, müssen Verbrecher bestraft werden. Wer aber bestimmt über die Verhältnismäßigkeit? Und wieso darf das Gesetz gebogen werden, durch Status und Macht?

Gibt es da vielleicht ein klammheimliches ‚Du-*solltest*-nicht' für die Oberen und ein ‚Du-*sollst*-nicht' für die unteren Schichten? Und vielleicht, je nach kultureller Zugehörigkeit abgestuft, eine ‚Du-*darfst*-nicht Fassung' für all die, die ganz unten zu überleben versuchen?

[...]

Als Antworten fallen mir zwei Fragen von Nietzsche ein:
„Wen nennst du schlecht? – Den, der immer beschämen will."
„Was ist dir das Menschlichste? – Jemandem Scham ersparen."
Und die Aggressionsforschung erinnert uns:

Wenn aus Gerechtigkeit Demütigung wird, wird aus Scham Gewalt und aus Frieden Krieg.

Wir ahnen nun, warum Menschen sich in ihrer Bedrängnis auch nicht nach Gerechtigkeit sehnen, denn „Gerechtigkeit gibt es nicht im Austausch von Ungleichen".

Aber da wäre ja noch die Solidarität, der Zusammenschluss der gleichen Nöte, Interessen und Absichten. Der gemeinsame Kampf für mehr Rechte und ein besseres Leben für jeden Einzelnen. Warum also hören wir den Ruf nach Solidarität fast gar nicht mehr?

[...]

Was stimmt nicht an der Solidarität? Sie überschreitet doch das rein Normative der oben genannten Tugenden und versucht deren politische Umsetzung einzuklagen! Solidarität ist nicht nur ein Wort, sondern auch ein Handeln, ein Eingreifen, ein Sich-Entscheiden und Sich-Verhalten.

Ich mag die Solidarität. Sie erinnert mich an die Dreifaltigkeit der Aufklärung: Freiheit, Gleichheit und Brüderlichkeit.

Und sie erinnert mich an die großartigen Bewegungen, die erst durch die Solidarität der Betroffenen Gehör gefunden haben und ernst genommen wurden, wie zum Beispiel die Arbeiterbewegung, die Frauenbewegung, die Schwulen- und Lesbenbewegung, die Studentenbewegung, die Bürgerrechtsbewegung des Martin Luther King oder die Anti-Apartheidsbewegung von Nelson Mandela oder die gewaltfreie Unabhängigkeitsbewegung Mahatma Ghandis. Und nicht zu vergessen die Bürgerrechtsbewegung der DDR mit dem historischen Ruf: „Wir sind das Volk!"

Sie alle wären *ohne Solidarität* nicht denkbar gewesen. Sie wären ohne die *solidarische Empathie* nicht einmal möglich gewesen, ohne den leidenschaftlichen Widerstand Gleichgesinnter, ohne die massenhaften Proteste, Sit-ins, Demos und den zahllosen Streiks: den Streiks an Unis und Fließbändern, in Gefängnissen oder vor Panzern.

Das war die große Kraft der Solidarität gewesen, wenn aus wenigen binnen kurzer Zeit Massen wurden, die *gemeinsam* Widerstand leisten wollten.

[...]

Aber die modernen Produktionsmethoden haben den arbeitenden Menschen als erkennbare ‚Klasse' nicht nur *demokratisiert,* sondern zugleich ihre Erkennbarkeit aufgelöst. Sie ging unter in der fundamentalen Verwandlung der Arbeitswelt und ihr Wirken wurde unsichtbar.

Und noch etwas hat sich verändert, dessen Folgen wesentlich gravierender sind als die Veränderung der Arbeitsform. Es ist die *Zielsetzung* der technisierten Produktion. Es geht ihr nicht mehr um die *Verbesserung* von ‚analoger' Arbeit, sondern um *deren Abschaffung,* um deren *Ersetzen* durch digitale Systeme. Das Ziel heißt Effizienz, und der Mensch stört dabei.

Die Auflösung der alten, industriellen Produktionssysteme durch modernste Technologie hat sowohl die Stufen in der Produktionshierarchie als auch ganze Produktionspaletten und -bereiche abgeschafft. Und ehemals menschliche Entscheidungs- und Kontrollinstanzen durch Computer und Kameras ersetzt. Nicht das *Wesen* des Kapitals hat sich verändert, sondern seine Gestalt, sein Outfit.

„Re-engineering, flexible Spezialisierung und Neo-Liberalismus sind die neuen Kräfte", schreibt der Soziologe Richard Sennett.

Geblieben ist das Geld, nach wie vor als wichtigstes Schmiermittel im Räderwerk aus Macht, Moral, Ordnung und Besitz. Nur sind die Bereiche in der Moderne so sehr ineinander verzahnt, genauer gesagt, sie sind so sehr miteinander *vernetzt*, dass die Schnittstellen von Kapitalbesitz, Kapitalsteuerung, Kapitalfluss und Kapitalvermehrung unsichtbar wurden. Mehr noch, diese Prozesse wurden zu einem gesichts- und ortlosen Terminus technicus vereint: dem *Finanzmarkt*, einer tabulosen Zone, jenseits von Verantwortung oder Moral, sogar außerhalb von Recht.

[...]

Wer hätte sich da gegen wen solidarisieren können? Es gab Dutzende von Verursachern – aber keinen einzigen Verantwortlichen.

Also gegen wen hätten die Betroffenen sich zusammentun können?

Gegen *die Banken*? Gegen *die Politik,* gegen *die Börse*, gegen *die Analysten?* Vielleicht gegen *die Gier* oder gegen den *Testosteronüberschuss?* Ja, Sie haben richtig gelesen.

Auf dem Höhepunkt der Krise versuchten sich die unterschiedlichsten Interessengruppen an Erklärungen für diesen milliardenfachen Absturz. Die Presse suchte nach Gesichtern hinter den Derivaten, die Politik suchte Heil in Bad Banks, die Verhaltensforscher, Soziologen und Psychologen versuchten die bislang ungesehene, organisierte Gier mit *menschlichem Versagen* zu belegen. Studien tauchten auf, als Beweis, dass es eine direkte Korrelation zwischen aggressivem Verhalten und einem Testosteronüberschuss gibt, der insbesondere *das Mitgefühl blockiere.* Bluttests von Brokern ergaben, dass ihre Risikobereitschaft proportional zu ihrem Testosteronspiegel anstieg. Und Professor John Coates, Leiter einer Studie der Universität Cambridge, fand heraus: „Wenn der Testosteronstand exzessiv wird, wie dies etwa bei Spekulationsblasen der Fall ist, kann die Lust auf Risiko obsessiv werden."

Börsianer mit hohen morgendlichen Testosteronwerten verdienten oft mehr Geld als Kollegen mit niedrigeren Werten. Und wirklich problematisch werde es, wenn das Siegergefühl wiederum weiteres Testosteron freisetzt, was letztlich zu Selbstüberschätzung mit riskanten Konsequenzen führen könnte.

[...]

Einen weiteren Erklärungsversuch fand ich bei der Völkermordforschung. Für das Selbstwertgefühl des Mannes seien Erfolg, Macht und Ansehen die wichtigsten Stützen, um deretwillen er sich mit allen Mitteln in jedes Abenteuer begäbe, ob in der Landwirtschaft, bei Aufmärschen oder im Krieg.

Ich war sprachlos.

Milliarden waren verbrannt – und Schuld sollte die steinzeitliche Biologie des Mannes sein, das mangelnde Selbstwertgefühl der Broker, das Zuviel an Testosteron der Analysten und Investmentbanker?

„Nee, wat en Elend!", sagte meine Kölner Nachbarin nach einer dieser endlosen Talkrunden zum globalen Countdown.

[...]

Es ist richtig, die Solidarität hat Menschen zusammengebracht – aber sie hält sie nicht mehr zusammen. Nicht, weil ihr die Argumente ausgegangen wären oder die Gegner, sondern weil die Flexibilisierung der modernen Produktionsformen ihr die Basis entzogen hat. Denn Flexibilität verlangt ständige Abrufbarkeit, Mobilität und Bindungslosigkeit. Aber Solidarität braucht Zeit und Kontinuität, um Vertrauen aufzubauen. Um sich auszutauschen.

Denn Verlässlichkeit und Loyalität sind die Grundvoraussetzungen für ein gemeinsames Handeln.

Es ist fast unmöglich sich verantwortlich zu fühlen für eine Arbeit auf dem Schleudersitz, ganz gleich in welchem ‚Lohn-Sektor'. Ob als Lehrer oder als Handwerker mit Zeitvertrag. Ob als Schauspieler oder als Altenpfleger.

Solidarität braucht eine Bindungsabsicht, Bindungen aber entstehen durch Begegnung und Kommunikation. Und das braucht Zeit.

[…]

Die Einführung der *Zeitverträge* ist für mich nicht nur der größte Bluff der modernen Arbeitswelt, sondern neben der atomaren Verseuchung und der Zerstörung der Umwelt eine der größten Menschenrechtsverletzungen der Moderne, inklusive des Wahlspruchs: „Sozial ist, was Arbeit schafft", der den Menschen als *Kulturwesen* eliminiert hat. Dieser Wahlspruch hat nichts weiter als hunderte von Unterschichten produziert und eine einzige Oberschicht gestärkt. Er hat selbst die Kreativen in der sogenannten Kreativwirtschaft zu Tagelöhnern entmündigt.

[…]

Zugespitzt formuliert war und ist Arbeit noch *nie* sozial gewesen. Lohnarbeit oder Erwerbsarbeit ist eine verklärende Umschreibung der immer noch andauernden *Ausbeutung*.

[…]

Heute dagegen scheint die wichtigste Tugend für Effizienz und Erfolg nicht mehr Ausdauer und Ordnung zu sein, sondern die schnelle Zerstörung und das Chaos.

[…]

Zwischen der Einschulung meiner Tochter und ihrem Abitur ist das Telefon mit Wählscheibe verschwunden. Auch das Faxgerät mit Papier ist mittlerweile zugestaubt. Heute muss ich den Hörer nicht mal mehr an das Ohr drücken, heute gibt es ein iPhone mit Touchscreen. Das telefoniert zwar noch, aber sonst hat es mit dem Gerät von früher nichts mehr gemein. Es ist mehr ein virtuelles Büro und Statussymbol, erfüllt Funktionen eines Assistenten und einer Eskorte, ist Joystick und Trostpflaster. Es lässt mich reden und dabei sehen, es findet jede x-beliebige Straße in Ghana und Berlin, zeigt mir jedes Fremdwort und jedes historische Ereignis, hat ein endloses Archiv an Literatur, Zeitungen und Musik. Darüber hinaus ist all dies – und noch unsagbar vieles mehr – innerhalb von nur hundertstel Sekunden abrufbar. Wofür ich noch vor zehn Jahren eine halbe Wohnungseinrichtung gebraucht hätte mit Büchern, Regalen und einer Stereoanlage, das erledigt nun ein handgroßes, keksdickes Hightech-Gerät mit dem Gewicht einer Tafel Schokolade.

Theoretisch müsste sogar niemand mehr aus dem Haus gehen. Wir könnten alles via Internet bestellen oder buchen oder verschicken. Der Versandhandel meldet explodierende Wachstumszahlen. Das Internet ist die staubfreie Seidenstraße der Zukunft. Online-Shopping verspricht besten Service rund um die Uhr: Die Ware wird ins Wohnzimmer geliefert. Schuhe, Möbel, Fertighäuser. In der schönen neuen Konsumwelt sind zeitliche Beschränkungen eliminiert.

[…]

Auch hier möchte ich klarstellen, dass ich die digitale Entwicklung nicht zurückdrehen will. Ich will nur nicht, dass der (mit-) fühlende Mensch in ihr verschwindet. Dass die Freiheit, die sie für eine Handvoll eröffnet, für die Mehrheit zur Galeere wird.

[…]

Vielleicht werden die 3D-Drucker, die gerade auf der Ars Electronica vorgestellt wurden, ja schon in Serie produziert, so dass sich in zehn Jahren jeder sein T-Shirt oder die Turnschuhe selbst designen und ausdrucken kann. Es ist nur noch eine Frage der Zeit, wann die passenden Materialien entwickelt sein werden.

Oder vielleicht ist der private Bereich dann auf eine Hütte mit Bett und Klo reduziert und der Dialog auf einen wortlosen Tastendruck ins Social Web. Möglich wäre es.

Vielleicht wird das Alleinsein auch irgendwann Gesetz, als eine Art Artenschutzgesetz, damit sich der moderne Mensch nicht selbst auflöst. Dann bringen neue Sozialdienste das Besteck für die künstliche Befruchtung und das kalorienreduzierte Funktionsessen rund um die Uhr frei Haus.

Damit die Menschen nicht massenhaft an Fettsucht sterben und sich die Lebenserwartung nicht wieder ins Steinzeitniveau halbiert. Denn schon heute schafft es kaum die Hälfte der Bundesbürger, die medizinisch notwendigen 10.000 Schritte pro Tag abzulaufen.

[...]

Ich weiß es nicht.

[...]

Ich ahne nur, in welcher Dimension sich technische Entwicklung und ständige Verfügbarkeit auf unsere Psyche auswirken könnten, denn ich beobachte, dass die Zeitlosigkeit wie ein Serum in Geist und Gefühle sickert und uns verwandelt. Die Digitalisierung hat die Textur unserer Zivilisation verändert, unbemerkt und schmerzlos und in einer unfassbaren Geschwindigkeit! Wir sind Kinder einer Satellitenrevolution, die keiner von uns versteht, die aber jeder anwenden kann. Ein Analphabet genauso wie der Wissenschaftler, von dem die Nomaden in der Wüste ebenso profitieren wie der Astronaut auf dem Mond.

[...]

Ich frage mich ob es jemals wieder ein Bedürfnis nach einem solidarischen System geben wird. […]

Wahrscheinlicher scheint mir, dass sich das Leben und die Bedingungen, wie gehabt, nur für eine Handvoll Menschen verbessern werden, und dass es für den Rest der Mehrzahl bleibt, wie es war. Wie es in den vergangenen Jahrhunderten immer gewesen ist. Wer weiß?

[…]

Natürlich hat der Fortschritt auch für die Mehrzahl der Menschen großartige Vorteile erwirkt, wenn er sie erreicht hat und sie ihn sich leisten können.

Und dennoch scheint diese Zeit wie stehengeblieben für den *humanitären* Zustand von heute. Denn das Wesen der Aufteilung und der Teilhabe hat sich seitdem nicht grundlegend verbessert.

[…]

Am deutlichsten wird die Ungleichheit der technischen Vorteile an dem simplen Vergleich der Lebenszeiten:

Während sich die Lebenserwartung in der westlichen Welt fast verdoppelt hat auf knapp 80 Jahre, blieb sie in Afrika nach wie vor bei 44,47 Jahren stehen. Und in Haiti liegt die durchschnittliche Lebenserwartung eines Menschen sogar bei unverstehbaren 29,93 Jahren. Die Hälfte der Menschen wird im Durchschnitt nicht einmal halb so alt wie ein Bewohner der westlichen Hemisphäre, weil sie noch immer kein sauberes Wasser hat und nicht genug Schatten, weil sie mit acht Jahren arbeiten muss und nicht ausreichend Reis und Zucker findet, weil es weder Licht gibt in ihrer Straße, noch einen Arzt oder eine Schule in ihrem Dorf.

Utopie mit Respekt

Festrede zur Eröffnung der Brucknerfestspiele in Linz am 14. September 2008

Sehr geehrter Herr Bundespräsident, meine Damen und Herren, lieber Herr Winkler, ich danke Ihnen für die Auszeichnung, heute hier sein zu dürfen.

[…]

Es tut mir gut, neben einem Gläubigen wie Anton Bruckner zu stehen, der aus tiefster Seele sowohl an die göttliche Kraft geglaubt hat als auch an die Kraft der Kunst, der einzigen schöpferischen Kraft, die der Liebe und dem Menschen dient – ohne jegliche missionarische Absicht. Ich fühle mich wohl neben ihm, weil Utopie und Respekt die wichtigsten Haltegriffe in meinem Tun und Denken sind.

Die andere Parallele, die ich zwischen Bruckners und unserer Zeit entdeckt habe, ist der kulturelle Umbruch und die Entstehung neuer wirtschaftlicher Systeme, die damals wie heute unser gesamtes Werteverständnis und alle Orientierungsmuster erschüttert haben mit der trügerischen Heilslehre von Wachstum und Wertschöpfung. Der Schlachtruf heute klingt zwar smarter als der vor hundert Jahren – statt: Ran an die Maschinen! hören wir heute: Öffnet die Märkte! –, aber der missionarische Eifer der heutigen Globalisten ist denen von früher nicht nur weit überlegen, sondern an Brutalität nicht zu überbieten.

Wir stehen heute vor einem noch nie dagewesenen virtualisierten Wandel aller Lebensbereiche – von virtuellen Kriegsspielen für Kinder über virtuelle Ersatzidentitäten in sogenannten Second-life-Welten bis hin zu virtueller Pornografie, die vor keiner Grausamkeit und keinem Tabubruch Halt macht. Wir müssen uns in all dem nicht nur irgendwie zurechtfinden, sondern gleichzeitig unsere Gattung vor emotionaler und geistiger Verwahrlosung bewahren.

Und wie dringlich diese Aufgabe ist, das zeigt uns besonders die Entwicklung eines globalen Marktfundamentalismus der letzten 15 Jahre in all seinen erschreckenden Einzelheiten. Es ist wahr, dass die Reichen noch reicher geworden sind und die Zahl der Armen unverändert weiterwächst. Nachzulesen unter anderem bei Richard Sennett, Viviane Forrester und dem Nobelpreisträger Muhammad Yunus. Es ist wahr, dass Scheitern zum häufigsten Phänomen im Leben der Menschen geworden ist, die Scham darüber und der Rückzug in Einsamkeit eine neue Krankheit. Wahr ist auch, dass der Klimawandel und die Flüchtlingsströme direkte Folgen dieser rücksichtslosen Produktionsmoral sind.

Es ist meine Pflicht als Künstlerin und Mutter genau hinzusehen, was mit uns passiert! Denn als Künstlerin ist es meine Aufgabe, Unglück und Leid sichtbar zu machen, und als Mutter will ich eine liebenswerte und hoffnungsfrohe Zukunft für mein Kind. Und es ist auch meine Pflicht daran zu glauben, dass ein anderes, ein respektvolles Miteinander machbar ist! Ich kann nicht anders: Ich muss glauben, dass ich mit meinem Zutun etwas verhindern oder auch ermöglichen kann.

Das bedeutet, dass für mich der Begriff der Utopie kein Hirngespinst ist. Ich denke ja diesen Wunsch und sobald ich ihn ausgesprochen habe, ist er bereits auf dem Weg, eine machbare Wirklichkeit zu werden. So wie mein gelernter Text sich in eine wirkliche Figur verwandelt, sobald ich ihn auf der Bühne ausgesprochen habe. Ich glaube an eine utopische Wirklichkeit, in der wir uns vorurteilsfrei und in Respekt voreinander begegnen können. In der wir unsere Ähnlichkeiten erkennen, statt uns mit dem Unterschied zu bekämpfen, in der wir uns als die Ergänzung des Anderen begreifen statt als Gegner.

„Respekt meint die Fähigkeit, den anderen so zu sehen, wie er ist, und seine einmalige Individualität zu erkennen. Respekt bedeutet das Streben, dass der andere wachsen und sich entfalten kann. Dem Respekt fehlt daher jede Tendenz der Ausbeutung", schreibt Erich Fromm in *Die Kunst des Liebens*.

Ja, ich glaube daran. Und wenn ich vom Glauben spreche, dann meine ich den Glauben im Frommschen Sinne, einen informierten Glauben, der tief in uns allen sitzt. Das ist ein Glaube daran, dass wir morgen wieder aufwachen werden und dass es Gerechtigkeit geben wird. „Weil ich glaube, dass der Mensch die Gleichheit aller Menschen spüren kann. Jeder einzelne trägt die ganze Menschheit in sich.", so Fromm in *Credo eines Humanisten*.

Bevor ich ausführlicher auf mein Credo des Respekts eingehe, möchte ich gern in kurzen Zügen skizzieren, was mich in den letzten Jahren so sehr beunruhigt, dass ich nicht glauben kann und will, wir hätten keine andere Wahl, als die Entsorgung der Menschlichkeit zu akzeptieren.

Zu Bruckners Zeit, gegen Ende des 19. Jahrhunderts, zwang die aufkommende Industrialisierung die Menschen zu einem bis zu diesem Zeitpunkt noch nie dagewesenen Denken und Handeln, das sie, wie Marx feststellte, in die Entfremdung, ins Abspalten vom Tun und Sein trieb. Das Regime der Automatisierung erforderte stupide, gleichförmige Tätigkeiten, reine Routine – ohne jegliche persönliche Beteiligung. Gegenwehr wurde nötig, um einen Rückfall in die Sklaverei zu verhindern und das Wissen, wie dieser Widerstand umzusetzen ist.

Die Menschen verlangten Bildung und organisierten sich erstmals in Gewerkschaften. Sie solidarisierten sich und forderten Rechte und Sicherheiten, um der Ausbeutung und Entfremdung habhaft zu werden. Diese Solidarität – was aus dem Französischen übersetzt ‚wechselseitig für das Ganze haftend' heißt – diese Solidarität oder diese Zusammengehörigkeit wirkte wie ein psychosozialer Kitt zwischen den Arbeitenden: wie ein Schutzschild für Würde und Identität einer gesamten Klasse, mit der jeder einzelne die moralische Verpflichtung einging, auch jederzeit füreinander einzustehen.

Schließlich wurde die Solidarität ein unentbehrlicher soziopolitischer Begriff eines ganzen Jahrhunderts – sowohl bei Streiks für Lohnerhöhungen als auch bei Demonstrationen gegen Faschismus und Vietnamkrieg, gegen reaktionäre Universitätsprofessoren oder gegen die Stationierung der Pershing II-Raketen in Deutschland. In Polen schaffte es die Solidarität, die unabhängige Gewerkschaft Solidarność, sogar, eine politische Kraft zu werden, die die sozialistische Willkür zum Einstürzen brachte.

Heute nun stehen wir in einer ähnlichen Umwälzung wie damals, die wieder jeden Aspekt unserer Zivilisation bedroht: die

Gerechtigkeit und soziale Stabilität, die Achtung und Wahrung der Menschenrechte sowie die politische Unabhängigkeit. Darüber hinaus bläht sich aber ein neues Phänomen auf, das jedem Einzelnen direkt in die Seele wirkt, sich wie eine Zündschnur durch die Adern brennt. Beschleunigung heißt der neue Masterplan. Die Aufhebung zeitlicher Schranken in allen Bereichen.

Besonders beängstigend ist für mich die Beschleunigung der Information. Und die Flut der Information. Denn sie überfordert und lähmt. Da bin ich ,live' dabei, wenn Soldaten tausende Kilometer weit entfernt in ein Land einmarschieren, sehe fassungslos zu, wie gleich ein Krieg beginnen wird und kann nichts anderes tun als den Atem anhalten. Ich bin live dabei, wenn auf der anderen Seite der Erde ein Tsunami Menschen, Häuser und Tiere mit einer einzigen Welle wegschwemmt, und ich fühle mich wie betäubt. Ich höre zum ersten Mal das Wort Beslan und sehe, wie Terroristen eine Schule besetzen und Kinder vor Maschinengewehren erstarren und kann die Soldaten nicht davon abhalten zu stürmen. Die Welt rückt zusammen und erdrückt den Einzelnen.

Und gleichzeitig ermöglicht dieselbe Technik, dass in jeder Garage des Planeten ein gigantisches Weltunternehmen entstehen kann und Menschen sich in diesem System sogar verlieben. Weil die Kommunikation keine Zeit mehr überbrücken muss, keine Scham oder Hemmungen kaschieren. Die Antwort dauert einen Mausklick lang. Und schon ist sie auf dem Bildschirm oder im Lautsprecher.

Beziehungen sind ohne Berührung möglich. Es gibt keine Stechuhren mehr und keine Schichtwechsel – jeder arbeitet rund um die Uhr. Oder steht abrufbereit zur Verfügung. Was sich wie ein Fiction-Szenario anhört, ist bereits real existierende Wirklichkeit. Die Geschwindigkeit der Möglichkeiten und Veränderungen, der Katastrophen und Glücksmomente macht atemlos und lähmt zugleich. Sie höhlt das Ich aus, das bewusste Sein.

Und genau an diesem Punkt verliert die altbewährte Solidarität ihre operative und schützende Wirkung. Denn Solidarität, wie wir sie kannten, funktioniert heute nur noch – wenn überhaupt – zwischen Kommunizierenden, die in der Sprache der Wirtschaft ausschließlich den Erwerbstätigen und Konsumierenden meint.

Was aber passiert mit mir, wenn ich – aus welchen Gründen auch immer – aus dieser Kommunikation ausgeschlossen werde? Nicht mehr arbeiten und konsumieren kann? Wer hört mir dann noch zu oder sieht mich an? Dürfte ich denn als Arbeitsloser überhaupt noch ‚kommunizieren'? Und wenn ja, wie lange?

Der Soziologe Richard Sennett schreibt, dass im postindustriellen Kapitalismus „die Kapitalisten nicht nur die Maschinen beherrschen, sondern auch das technische Wissen und die Kommunikation". Weltweit vernetzt. Das heißt im Klartext: Meine Identität, ob ich oder was ich bin, wird bestimmt über das, was ich arbeite, genauer gesagt, darüber, dass ich überhaupt beschäftigt werde. Ich bin nur, weil ich arbeite. Egal, was ich denke oder wie ich mich als kulturelles Wesen verhalte. Wie sich das im Alltag auswirkt, habe ich selbst an zwei sehr verschiedenen Menschen erlebt.

Mein arbeitslos gewordener Nachbar, Architekt mit neun Jahren Berufserfahrung, hat sich seiner Situation so sehr geschämt, dass er sich über Jahre hinweg heillos verschuldet hat, bloß damit diese ‚Kommunikation' nicht abbricht. „Ich weiß nicht wie", sagte er, „aber die Anderen haben gespürt, dass ich ohne Job war und haben mich gemieden als hätte ich eine ansteckende Krankheit."

Langzeitarbeitslose berichten davon, dass sie sich unsichtbar fühlen, als würden die Leute durch sie durchsehen. „Sogar meine Cousine behandelt mich als hätte ich die Pest", erzählte mir eine 48-jährige Krankenschwester, die seit drei Jahren keine Arbeit findet, und die die abgetragenen Sachen ihrer großen Familie auf dem Flohmarkt verkauft. Das sind keine Einzelfälle, das ist bedauerlicherweise zur Regel geworden. „Haste was, biste Wer. Haste nix, gibt's dich nicht einmal", sagte mir die Krankenschwester. Es kann jeden von uns treffen. Jederzeit. Wir müssen uns wehren – aber wie und gegen wen?

Und auch hier stoßen wir auf eine weitere Zuspitzung des neuen Produktionssystems: Die Gegner sind unsichtbar geworden. Sie sind verschwunden zwischen gesichtslosen Aktien und körperlosen Hedgefonds. Sie operieren virtuell und flexibel, ohne Bürokratie, Kontinuität oder zeitliche Ordnung. Da ist eine völlig ungekannte Dimension von Marktwirtschaft gewachsen, die für ihre ‚Wertschöpfung' keine Menschen mehr braucht und trotzdem jährlich mit neuen Superlativen die unglaublichsten Gewinnzuwächse verkündet.

Der Globalismus der Märkte braucht den arbeitenden Menschen nicht mehr. Das ist eine Tatsache. Warum sollte er also noch mit ihm kommunizieren wollen? Der Profit wird ja schon längst anders beschafft. „Auf diese Weise haben Massen von Menschen […] keinen vernünftigen Grund mehr, in dieser Welt zu leben", schreibt Viviane Forrester in *Terror der Ökonomie*.

Obwohl es soziale Härte schon immer gegeben hat, war doch die von Menschen geleistete Arbeit für die Machterhaltung bislang unentbehrlich gewesen. „Nun ist zum ersten Mal die Masse der Menschen für eine kleine Zahl derer, die über die Macht verfügen, materiell nicht mehr notwendig, und wirtschaftlich erst recht nicht mehr", schreibt Forrester weiter.

Natürlich würde es niemand in einer Demokratie wagen zu sagen, das Recht zu leben sei kein Recht an sich. Aber wie wäre es in einem totalitären Regime?, fragt sie. Das letzte Jahrhundert hat uns gelehrt, dass an Grausamkeit alles möglich ist.

Der Klarheit wegen will ich ganz deutlich sagen, dass ich kein Maschinenstürmer bin und auch kein tobsüchtiger Globalisierungsgegner. Vernetzung ist nicht per se eine Bedrohung. Für die Knochenmarkspenderdateien zum Beispiel sind sie ein wahrer Segen, auch für die weltweite Verfolgung von Kinderschändern. Ich will ganz sicher nicht zurück in die virtuelle Steinzeit, aber ich will, dass die Moderne uns allen gehört! Nicht nur einigen wenigen in den Machtetagen. Ich will, dass wir alle in ihr vorkommen und sie gestalten können – gemäß den Möglichkeiten jedes Einzelnen. Ich träume sogar manchmal von einer globalen Identität als Erdenbürger, in der die Nationalismen und kulturellen Differenzen endlich überwunden sein werden.

Meine Kritik zielt auf die Asymmetrien in den Lebenschancen – auf das immer größer werdende Auseinanderklaffen von Ansprüchen und Rechten, die durch mangelnde Arbeit entstehen. Sie treibt die sozial Schwachen an die Ränder, verstellt ihnen den Zugang zu Bildung und Kultur, zu optimaler ärztlicher Versorgung und einer würdevollen Altenpflege.

Natürlich ist es nicht Aufgabe der Wirtschaft, wohltätig zu sein. Und die verantwortlichen Menschen dort sind auch nicht mit Absicht grausam, ja nicht einmal gleichgültig. „Sie sind schlicht nicht fassbar", sagt Forrester, „und erinnern sich vage an uns wie an arme Verwandte".

Es ist höchste Zeit, dass die Politik endlich aufhört, mit dem Märchen von der Vollbeschäftigung. Es wird nie wieder eine Vollbeschäftigung geben. Die Politik muss raus aus der Zange der Instrumentalisierung durch die Wirtschaft und endlich begreifen, dass Wachstum nicht automatisch mehr Beschäftigung bewirkt und dass der Markt sich nicht selbst reguliert! Das haben die Staatskassen erledigt – mit dem Geld der Steuerzahler. Es waren Behörden, nicht der Markt, die bei jeder Bankenkrise der vergangenen Jahre die Konten wieder ‚ausgeglichen' haben.

Aber die erste Pflicht von Politik ist es, Gerechtigkeit herzustellen. Sie muss denjenigen Sicherheit, Schutz und eine Perspektive anbieten, die in der Zukunft mehrheitlich ohne Erwerbsarbeit sein werden. Das ist seit Plato der eigentliche Sinn politischer Arbeit: sich schützend vor die Schwachen zu stellen. Und die Zeit drängt.

Denn die moderne Arbeitswelt versucht nämlich gerade einen neuen Menschentypus zu formen, einen, der nur noch für beliebig kurze Zeitabschnitte beschäftigt wird und der jederzeit verfügbar ist. Und der außerdem – und das ist der gravierendste Unterschied zum Arbeiter des 19. Jahrhunderts – ohne Bindungsansprüche trotzdem gern an seinem Arbeitsplatz bleibt. Wodurch Loyalität und Verantwortung gegenüber dem Betrieb oder dem Produkt überflüssig werden. Auch die Solidarität mit den Kollegen, denn der heiter propagierte Teamgeist wird ja schließlich auch nur für eine kurze Zeit beansprucht. Danach sind die Teammitglieder wieder Konkurrenten auf der stetig schrumpfenden ‚Jobbörse'. Übrigens: „Das Wort ‚job'", schreibt Sennett, „bedeutete im Englischen des 14. Jahrhunderts einen Klumpen oder eine Ladung, die man herumschieben konnte. […] Die Menschen [heute] verrichten Arbeiten wie Klumpen, mal hier, mal da."

Und damit das nicht ganz so viel Angst macht, bekommt der heutige Kapitalismus nun eine neue Maske verpasst. Nach „freies

Unternehmertum" oder „freie Marktwirtschaft" heißt der neue Terror des Profits Flexibilität. Als wäre die neue Wirtschaft eine Wellnessoase. Denn in dieser neuen schönen flexiblen Welt werden die Menschen nicht so einfach entlassen – nein, sie werden freigestellt, als sollten sie sich vor dem nächsten Job erst einmal etwas erholen. Die meisten würden das sicher auch gern tun, denn Zeit dazu hätten sie.

Für mich ist das der verwirrendste Aspekt der Beschleunigung. Die viel beschworene Flexibilität und der Umgang mit der Zeit, denn sie greift direkt in unser innerstes Steuerungssystem, sickert wie ein Serum in die Gefühle und verändert den Charakter. Früher verliefen die Biografien linear, Menschen arbeiteten langfristig an Karrieren oder für ihre Rente, die Zeit war berechenbar und damit auch das Entgelt für ihre Ausdauer, für Ratenzahlungen und Reparaturen.

Die Zeit war organisiert, rationalisiert und bürokratisiert. Ein Gerüst, das den unterschiedlichen Begabungen, Wissensständen und Befindlichkeiten eine Orientierung, Schutz und Struktur gab. Erfahrungen und Ersparnisse konnten angesammelt, Selbstdisziplin trainiert werden. Und das Leben wurde einigermaßen verständlich. Wie eine Erzählung oder ein Foto.

Um kein Missverständnis aufkommen zu lassen, das Industriezeitalter war nie ein Paradies. Das Schmieröl jener Epoche bestand aus denselben Zutaten wie heute: Habgier, Ausbeutung, Rassismus und Sexismus. Nur war jedem Einzelnen klar, wann er was zu tun hatte.

Heute dagegen ist das, was zu tun ist, unsichtbar geworden und unverständlich. Die sogenannte flexible Arbeitszeit klingt zwar verführerisch nach einer selbstbestimmten Freiheit – wie ein Privileg. Sie ist aber in Wahrheit eine neue Form der Macht und Kontrolle der Unternehmensleitung geworden, was etwa durch das Abhören und Überwachen von Mitarbeitern bei Konzernen wie Telekom, Lidl, Aldi und Schlecker bewiesen wurde.

Dabei meint Flexibilität im Idealfall die Empfindungsfähigkeit des Menschen, der dieselbe Dehnfestigkeit hat wie ein Baum im Wind, um sich wechselnden Umständen anpassen zu können, ohne von ihnen gebrochen zu werden. Positiv ausgedrückt könnte man meinen, die vielbeschworene Flexibilität wäre so etwas wie eine Wunderpille gegen die starre Routinearbeit der alten Zeit. Aber sie ist lediglich eine Hintergrundmusik für jene Kräfte, die die Masse der arbeitenden Menschen zu verbiegen und zu zerbrechen versuchen.

Denn die Konsumwelt ist keine Reha-Klinik, sondern ein Haifischbecken – wie Brecht schon vor über fünfzig Jahren schrieb –, und der Arbeitslose von heute steht genauso am Rand wie sein Leidensgenosse früherer Epochen. Mit dem Unterschied, dass heute die Skrupellosigkeit weltweit organisiert ist und die Menschen belogen und narkotisiert werden mit Anonymität und Spekulation. „Nicht die Arbeitslosigkeit für sich genommen ist das Verhängnisvollste", sagt Forrester, „sondern das Leid, das sie hervorruft und das schmählichste aller Gefühle: die Scham!"

Der einzige, für den Flexibilität und Freiheit in direktem Zusammenhang stehen, ist heute der Produzent. Er allein bestimmt den Grad der Flexibilität im lockeren Netzwerk seiner Macht und ist die personifizierte Beschleunigung.

Ein Musterbeispiel dieses flexiblen Charakters ist der Technologiemogul Bill Gates, der seine Firma aus dem Nichts aufgebaut hat. Mitte der neunziger Jahre gestand er überraschend, er hätte die Möglichkeiten des Internets völlig unterschätzt und änderte seinen Kurs von einem Augenblick zum anderen, entwickelte neue Produkte und neue Strategien. Er kann offensichtlich das Geschaffene zerstören, wenn es die Situation erfordert und scheint frei zu sein von der Besessenheit früherer Firmengründer wie Daimler oder Rockefeller, die ihre Maschinen und Gebäude langfristig besitzen wollten. Gates dagegen bringt seine Produkte rasend schnell auf den Markt und zieht sie wieder zurück, wenn sie sich nicht schnell genug ‚rechnen'.

Heute scheint die wichtigste Tugend für Effizienz und Erfolg nicht mehr Ausdauer und Ordnung zu sein, sondern die schnelle Zerstörung und das Chaos. Das „erfordert jedoch eine besondere Charakterstärke", schreibt Sennett, nämlich „das Selbstbewusstsein eines Menschen, der ohne feste Ordnung auskommt, jemand, der inmitten des Chaos [erst so richtig] aufblüht". Rücksichtslose

Habgier ist der herausragende Charakterzug dieser Siegertypen, die in dem neuen Kapitalismus zu Hause sind. „Auf den Charakter jener", so Sennett, „die keine Macht haben, wirkt sich das neue Regime [allerdings] ganz anders aus."

Für die ist es so, als würden sie aus der Gravitation geschleudert. Denn alles, was Kultur und Persönlichkeit ausmachte, wird durch die Fliehkraft der Beschleunigung weggefegt: Zuverlässigkeit und Loyalität, Treue und Fürsorge, Verantwortung und Kontinuität, allesamt Tugenden, die Identität schaffen und jedem einen sinnhaften Grund geben, morgens aufzustehen. Jedoch brauchen Beziehungen Zeit und eine Berührung die konkrete Begegnung. Aber all das scheint im zeitlosen Raum der neuen virtuellen Welt, kitschigerer Ballast einer alten Zeitrechnung geworden zu sein, lästig und störend.

Was also bleibt? Müssen wir in der Zukunft noch schneller werden, um weiterhin kommunizieren zu dürfen? Noch flexibler, um grad mal noch so überleben zu können? Warum sollten wir denn morgens überhaupt noch aufstehen, wenn Fürsorge nicht mehr gewollt ist? Für wen?

Darauf weiß ich auch keine Antwort. Und ich kann auch nicht einschätzen, wie viel Freiheit uns die kommende Zeit lassen wird, um Antworten zu entwickeln. Und ob wir überhaupt die Wahl einer Antwort haben werden. Ich kann nur beschreiben, was ich beobachtet habe und wiedergeben, wie sehr mich beunruhigt, dass der Mensch der Moderne nicht nur entfremdet worden ist von sich selbst, wie sein Vorgänger in der Zeit der Industrialisierung, sondern noch zusätzlich entseelt. Dass trotz großartigster technischer Fortschritte, Leid und Unglück nicht weniger geworden sind, sondern dass uns eine neue Atemlosigkeit narkotisiert.

Aber trotzdem glaube ich unverrückbar an die conditio humana – an die von unserem Ahnengehirn gesteuerte Kontinuität, in der Instinkte und Kultur genetisch verschlüsselt sind. Ich glaube weiter, dass weder das menschliche Wollen noch der Bindungs- und Mitteilungstrieb vernichtet werden können, selbst wenn uns gegenläufige Kräfte immer wieder aus dem Gleichgewicht bringen.

Ich bin überzeugt, dass die nächste Stufe unserer Entwicklung die Entschleunigung sein muss, dass die Konzentration nach innen gehen muss – zum Wesentlichen des Menschseins. Eine Gesellschaftsordnung, die das Bedürfnis des Menschen nach Stabilität so sehr vernachlässigt, kann nicht von Bestand sein, sagt Sennett.

Ich glaube wie Erich Fromm, dass jeder einzelne Mensch die ganze Menschheit in sich trägt und deshalb fürsorglich mit sich und seinem Gegenüber umgehen muss. Mag der andere arbeitslos sein – Moslem, Christ oder Jude, schwarz oder weiß, alt oder jung, Frau oder Mann. Die conditio humana ist eine und dieselbe für alle Menschen, trotz unübersehbarer Unterschiede bezüglich Intelligenz, Begabung und Bankkonto. Fromm sagt: „Ich glaube, dass man an die Gleichheit der Menschen gerade deshalb erinnern muss, weil ein Ende gemacht werden muss, dass der Mensch ein Instrument des anderen wird."

Deshalb brauchen wir die utopische Vorschau als eine Art der seelischen Hygiene, fernab jeglicher wissenschaftlicher Beweise. Sie ist eine praktische Handlung wie das Zähneputzen: um den Geist vor Plaque und Parodontose zu schützen. Natürlich kann aus Gründen, die niemand vorhersehen konnte, Karies entstehen. Dann werden wir uns erinnern müssen, wie Fromm vorschlägt, um erneute historische Ausfälle zu verhindern.

Für mich ist die Utopie mit Respekt wie eine Schutzimpfung gegen Verwahrlosung von Mensch und Kultur. Eine Vorbereitung fürs morgendliche Aufstehen, eine Vorsorge für unsere Kinder und unser eigenes Alter. Das Wesentliche wird sichtbar in der Beziehungsfähigkeit und der Einsicht in ein Miteinander, in der die Freiheit einzelner auch immer die Freiheit aller bedeutet.

Respekt will keinen Sturz alter Ordnungen, man kann Entwicklungen nicht zurückdrehen ohne neues Leid zu schaffen. Aber Respekt will die Wiederherstellung eines ganzheitlichen Verstehens auf der Grundlage der Freiheit aller.

Und ich hoffe, dass Ihnen die folgenden Thesen vielleicht ein kleiner Ansporn sein können, den anderen genauer anzusehen, gemäß der lateinischen Wurzel des Wortes ‚Respekt': re-specere – re: wieder, specere: schauen, ansehen. Denn einen Menschen zu respektieren, ist nur möglich, wenn man ihn kennt und wenn man von ihm weiß. Sehen Sie also bitte genauer hin und lernen Sie den anderen kennen.

RESPEKT sucht das Verbindende im Unterschied.

RESPEKT will Achtung in der Ungleichheit.

RESPEKT braucht Wissen und Verantwortung.

RESPEKT heißt Liebe zu sich UND zu den anderen.

RESPEKT ist ein Versprechen für den Frieden. Und der größte Garant für die Wahrung der Menschenrechte.

Sag mir wo du wohnst,

und ich sage dir wer du bist!

Rede beim 7. wohnungspolitischen Kongress in Hannover am 26. November 2008

Als ich den Arbeitstitel *Zuhause bei Fremden? – Integration und Stadtentwicklung* las, dachte ich zu allererst: Wie vermessen doch die Frage ist!

Wer bestimmt *wer* oder *was* fremd ist? Ist es der Sachse in Hessen oder der Friese in Bayern? Oder der Türke, der seit dreißig Jahren in Deutschland lebt, oder der ehemalige Kolonie-Marokkaner in Frankreich?

Wann ist wer *wie* fremd?

Wie lange hat einer fremd zu sein, bis er sich zuhause fühlen darf?

Warum benutzt man das unversöhnliche Wort ‚fremd' und nicht das großzügigere ‚verschieden' oder das offenere ‚neu' oder ‚anders'?

Aber dann freute ich mich doch noch über den zweiten Teil der Überschrift: Integration und Stadtentwicklung. Es scheint, dass das Thema Migration nun endlich auch bei den Städteplanern und Architekten angekommen ist. Wenn auch die Annäherung an das Sujet offensichtlich noch von sehr viel Skepsis und Misstrauen begleitet wird.

Warum sonst, wie es im Schreiben zu diesem Kongress heißt, „scheint momentan eine große Unsicherheit zu herrschen, wie wir alle in Ruhe und Sicherheit, aber auch mit sozialer Verantwortung und vielen kulturellen Identitäten unsere Städte zukunftsfähig machen können?"

Heißt das, dass die neuen Menschen genuin Unruhestifter oder Kriminelle sind? Zugegeben, meine Interpretation dieses Satzes ist etwas provokant – aber sie ist nicht weit hergeholt. Und mich wundert es auch nicht wirklich, dass wieder einmal im Zusammenhang mit Einwanderung mit dem ewig gestrigen Misstrauen taktiert wird. Aber mich ängstigt es immer mehr, dass sich Eliten dieser Sprache bedienen und mit der besagten „großen Unsicherheit" gleichzeitig die neuen Kulturen permanent ausgrenzen und dämonisieren.

Das ist aber kein visionäres Elitedenken, das ist ein dumpfes Herrschaftsdenken – eine selbstgefällige Haltung, die ich hoffte, endlich überwunden zu haben. Denn durch solch ein Denken steht automatisch auch alles, was die Neuen mitbringen, erst einmal unter Generalverdacht und in Konkurrenz zu der eigenen Geschichte und zu der eigenen Kultur. In der Regel wird dabei das Unbekannte wie selbstverständlich auf den unteren Rängen der Deutungshierarchie platziert, wenn nicht sogar zur Gänze ignoriert.

Um diese missverständliche Sprache zu verdeutlichen, möchte ich noch einen weiteren Satz aus dem Schreiben zu diesem Kongress zitieren: „Die Integration aller Bevölkerungsgruppen in die zukünftigen *Quartiere* unserer Städte stellt eine große Herausforderung dar, um das Ideal der ‚europäischen Stadt' in Niedersachsen zu bewahren."

Da werden offensichtlich ein paar Wilde erwartet, denen man „Quartiere" bauen muss, um das kultivierte Land vor dem Untergang zu bewahren. So kann doch unmöglich weder „das Ideal der europäischen Stadt" noch das Ideal eines europäischen Bürgers aussehen!

Denn wenn ich an die großen europäischen Städte denke, dann habe ich ganz andere Bilder in meinem inneren Kino und spüre eine unbändige Lust, sofort hinzufahren. Leider fehlt mir oft die Zeit, also hole ich mir die Bildbände aus dem Regal und staune mit derselben Begeisterung wie in jenem Moment, als ich dort wirklich durch die Straßen lief: Oh Gott – ist das schön!, denke ich. Ist das schön!

Und ich erinnere mich an all die anderen Touristen, die sich ebenfalls kaum sattsehen konnten und ebenfalls den Atem anhielten und ‚Himmel, ist das schön!' riefen. Dabei strahlten ihre Augen und ihre Gesichter lächelten, wie meins auch. Wir strahlten, weil wir etwas Schönes sahen. Und keine Quartiere! Obwohl das

Schöne oft schon sehr zerfallen war und umringt von gesichtslosen Neubauten.

Aber wieso ist das so?

Wieso ist es in Venedig so schön? Oder in Rom? Warum in Istanbul? Oder in Jerusalem? In Paris, Wien, Budapest oder London?

Warum finden wir diese jahrhundertealten Innenstädte noch immer so schön? Die prunk- und prachtvollen Kaufmanns- und Herrschaftshäuser mit den hohen Räumen, großen Fenstern und den polierten Gedenktafeln, die an die Gründer oder Erbauer erinnern?

Wir ahnen, wie opulent das damalige Leben gewesen sein muss in den Wohnstätten, wie kreativ, wie abwechslungsreich und wie sinnvoll.

In den Innenstädten wohlgemerkt. Und nur in den Innenstädten, wo die schönen ERLEBENS-Häuser standen. Denn die Hütten – die Quartiere – an den Rändern der damaligen Zeiten sind längst zu Staub zerfallen. Wie ihre namenlosen Bewohner auch.

Ich möchte Ihnen von einem kleinen Jungen erzählen, den ich vor zwei Monaten im Bus auf der Fahrt zu meiner Morgen-Probe in Aachen erlebt habe.

Er war vielleicht fünf Jahre alt und nach dem Akzent der Mutter zu urteilen aus dem ehemaligen Ostblock. Der Kleine war ein sehr aufgewecktes Kind, das alles um sich herum mit einer ungewöhnlichen Wachheit beobachtete. Da zeigte er plötzlich – und offenbar auch zum Erstaunen seiner Mutter – auf ein langgestrecktes altes Jahrhundertwende-Gebäude mit großen Fenstern, Erkern, Stuck und Verzierungen und sagte mit einer klaren Bestimmtheit: Da will ich einmal wohnen!

Darauf die Mutter: Warum willst du da wohnen?

Und der Junge: Weil das ein schönes Haus ist!

Und er wiederholte sich in den folgenden Minuten immer wieder: Da will ich wohnen. Irgendwann will ich da wohnen. Weil es da schön ist!

Auf meinen Theatertouren und Lesereisen der letzten zwanzig Jahre habe ich nahezu jede westdeutsche Stadt mit 80.000 und mehr Einwohnern gesehen, teilweise sogar mehrmals, und war jedes Mal wieder von Neuem erschrocken, welch ein entstelltes Gesicht ein menschenverachtendes Herrendenken samt seinem Vernichtungskrieg einem Land hinterlässt. Besonders dort, wo schnell und billig wieder aufgebaut wurde, ohne Sinn und Verstand!

Schade um das Geld und schade um die harte Arbeit! Von dem ästhetischen Schaden, den die Betonklötze dem kreativen Geist und dem Wohlbefinden der Bewohner zugefügt haben ganz zu schweigen.

Aber ich war auch jedes Mal erstaunt darüber, wie ähnlich all die Städte doch angelegt sind: In der Stadtmitte, meist um die Einkaufszentren herum, wurde in der Regel relativ großzügig mit guter Ausstattung gebaut, durchaus auch mit einem individuellen Anspruch, und selten höher als fünf, sechs oder sieben Stockwerke.

Also, in den Mitten sind die Städte immer noch relativ schön und abwechslungsreich – und auch einladend und freundlich. Ein relativ verständiges Miteinander von Ausländern und Einheimischen in einer relativ stabilen und regelmäßigen sozialen Struktur.

Das ändert sich jedoch drastisch zu den Rändern hin. Dort wird es nicht nur hässlicher, sondern auch uniformierter und gesichtsloser, ähnlich wie Kasernen. Quartiere eben. Kahl und lieblos.

Hier ein Industrieviertel, da ein Einkaufszentrum, dort öde Aufbewahrungsanstalten – auch Sozialbauten genannt – in allen erdenklichen Größen und Höhen, die um ein paar Supermärkte herum gebaut wurden, ein paar verwahrloste Spielplätze, gespenstische Tiefgaragen, angsteinflößende Flure. Aggressive Kinder und Jugendliche, die sich neben zugemüllten Betonblumenkästen prügeln. Arbeitslose Erwachsene, die sich in Eckkneipen wärmen oder in den Passagen betteln, Ausländer, die keine Jobs mehr finden und sich zurückgezogen haben von allem – von den Nachbarn dort und von der Gesellschaft in der Mitte.

Wer das nicht glaubt, der fahre nach Köln-Chorweiler oder nach Dortmund-Ost, Hannover-Nord oder Nürnberg-West oder aber auch nach Paris in die Banlieus oder in die Trabantenstädte vor Wien, Rom oder London. Europa ist voll von Rändern und vom Randleben in den Randbauten der Randarchitekturen.

Es war schon seit jeher ein Privileg der gut Verdienenden auch gut zu wohnen. Weil gute Wohnungen eben auch teuer sind.

Für die, die kein Geld haben und vielleicht auch nie haben werden – das heißt für die, die im sozialen Abseits leben –, blieb immer nur das Quartier am Rand übrig.

Also ist die Frage des guten (gesellschaftlich integrierten) Wohnens in erster Linie eine Frage der sozialen Stellung und keine der kulturellen Herkunft! Oder simpel formuliert: Kultiviertes Leben ist eine Frage der Klasse und Kasse und nicht der Rasse!

Ob sie irgendwann noch zusätzlich eine kulturelle Frage wird, hängt davon ab, wie die Zugewanderten sozialisiert sind.

Da die deutsche Wirtschaft des Industriezeitalters massenhaft billige Hilfsarbeiter für die Massenproduktion brauchte, wurden in den sechziger Jahren des vergangenen Jahrhunderts in der Regel gesunde und kräftige Männer mit keiner oder wenig Bildung angeworben – aber keine oder kaum Fachkräfte oder Akademiker oder Wissenschaftler.

Und bildungsferne Sozialisationen produzieren die nächsten bildungsfernen Generationen. In jeder Kultur – unter jedem Himmel und in jeder Hautfarbe.

Ich kann verstehen, dass man die versäumten Aufgaben der sogenannten Ausländerpolitik jetzt mit aller Macht korrigieren will. Und offensichtlich ja auch mit allen Mitteln und in allen Bereichen. Jetzt sogar auch noch in der Städteplanung.

Es freut mich wirklich sehr, dass sich die Architektur und der Städtebau nun auch mit dem ‚integrativen Wohnen‘ beschäftigt.

Aber es tut mir leid: Mit ‚Integration‘ der Zugewanderten hat das nichts zu tun.

Damit hatte es nie etwas zu tun! Denn auch die vielbeschworene ‚Integration‘ war und ist das falsche Mittel, mit der Zuwanderung und ihren Folgen umzugehen. Integration ist per se ein falsches Instrument für ein respektvolles Miteinander.

Denn Integration bedeutet: sich unterordnen unter das Ganze bei Aufgabe des Eigenen. Als wären die Neuen kulturlose Parias: Also ab in die kulturelle Quarantäne der Integration.

In den Alltag übersetzt heißt das: permanente Demütigung derjenigen, die anders sind als die Mehrheitsgesellschaft.

Und das kann auf Dauer niemand ertragen und das lässt sich auch niemand auf Dauer gefallen – kein Hilfsarbeiter und auch kein Analphabet.

Die Herkunft ist keine Haarfarbe, die man mal so schnell ändert und dann ruckzuck eins wird mit dem großen Ganzen der Mehrheitsgesellschaft. Kulturen und Biografien lösen sich nicht auf wie Nescafé!

Ich weiß, dass das Problem der Einwanderung mehrschichtig ist und in jeder gesellschaftlichen Ebene eine Lösung braucht. Auch im Wohnungsbau.

Aber auch die Lösungen selbst sind sehr komplex und brauchen sicher auch eine Antwort in einer vernünftigen Städteplanung. Aber das ist nur eins der vielen Symptomfelder.

Wir müssen uns auf einen Anfang einigen und auf ein Ziel.

Der Anfang muss heißen: Wir wollen ein respektvolles gleichrangiges Miteinander – in allen Nischen der Gesellschaft. Und das muss anfangen mit einem respektvollen Einwanderungsgesetz. Es muss beginnen bei den Kindern, in den Kindergärten, Vorschulen und in Ganztagsschulen. Und zu denen müssen die Mütter und Väter mitgenommen werden.

Es muss weitergehen mit Bildung in allen Bereichen.

Die orientalische und asiatische Geschichte muss genauso ein Teil der Allgemeinbildung werden wie die eigene Vergangenheit.

Jedes Kind muss die Möglichkeit haben, Abitur zu machen, auch wenn es eine kontinuierliche Nachhilfe braucht. Das lernschwache einheimische Kind genauso wie das Kind aus einer Migrantenfamilie.

Und jeder Abiturient und jede Abiturientin soll studieren können – ohne finanzielle Not.

Denn Wissen hilft Verstehen. Sich selbst zu verstehen und die Anderen.

Und wir müssen verstehen, dass die Neuen mit uns allen und wir mit ihnen zusammen wachsen und auch zusammenwachsen. Weil wir die zukünftigen Probleme alle nur gemeinsam lösen können. Weil wir – und das wünsche ich mir als Ziel dieser Anstrengung –, weil wir gemeinsam ein neues WIR kreieren müssen. Kein völkisches Wir. Kein politisch erzwungenes Wir. Sondern ein TRANSKULTURELLES WIR! In einer Art kulturellen Orchestrierung. In einer Gesellschaft, in der das Wohnen wie in einem Symphonieorchester möglich ist. In Sichtkontakt. In Erdnähe. Nicht in Wolkenkratzern.

Die Anonymität in den Bürotürmen reicht, der Mensch braucht einen Ausgleich außerhalb seiner Arbeitszeit. Er braucht Berührung.

Ich sage das wohl wissend, dass der Platz in den Städten knapp ist. Aber ich bin überzeugt, dass der Wohnraum anders organisiert werden kann. Mit Kreativität und einem entschlossenen Ja zu einem kultivierten und respektvollen Leben. In dem jeder einen Platz hat mit seinem Instrument und seinem Können und Wollen – in Hörweite für Gespräche empfänglich – oder für einen gemeinsamen Klang.

Wir brauchen Häuser mit Sinn und Schönheit.

Häuser mit Platz und Licht. Häuser mit breiten Teppen und hellen Fluren. Häuser mit Spielplätzen und Altenpflegestellen. Häuser mit Göttervielfalt und allen Hautfarben.

Wir brauchen Häuser, die sich jeder leisten kann.

Das ist eine wirklich zukunftsfähige ‚Integration‘: Ruhe und Sicherheit in einem.

Das ist ein kulturelles Orchester – ein kultiviertes Wir.

Aber bleibt es so wie bisher, werden sich die Klassen noch weiter voneinander entfernen – und auch die Kulturen.

Das jedoch können wir uns ganz sicher nicht leisten.

Nicht aus Kosten-Nutzen-Gründen. Und nicht aus demografischen Gründen.

Wir können es uns unserer selbst wegen und um unserer Kinder willen nicht leisten. Wir müssen dringend anfangen, uns über neue Formen des Miteinanders zu verständigen.

Denn es gibt in der Zukunft zwei große Themen, die uns dazu zwingen werden. Und gleichzeitig ist diese Zukunft heute bereits unser Alltag. Diese zwei großen Themen sind:

der Klimawandel und der Menschenwandel!

Irgendwann wird sich jeder auf den Weg in ein neues Land machen müssen, in andere Wirtschaftsmetropolen, um Geld zu verdienen, um satt zu werden – um seinen Kindern neue Perspektiven zu ermöglichen.

Wir müssen uns und unsere Städte schleunigst darauf vorbereiten – auf allen Ebenen unserer Gesellschaften: von der fürsorglichen Schule über das schöne und bezahlbare Wohnen bis hin zum würdevollen Alterswohnsitz. Und wir müssen das für uns alle tun, für die Einheimischen wie für die Dazugekommenen.

‚Integration' in ein kultiviertes Leben ist das größte Problem aller Mittellosen und Bildungsarmen – überall auf der Welt. Egal welcher Herkunft, Hautfarbe und Religion sie sind. Denn Armut grenzt aus und macht ‚Fremde' aus allen Betroffenen – auch aus Einheimischen.

Bei einer Tagung wie dieser kann es meiner Überzeugung nach nicht darum gehen, ein paar ‚Quartiere' für schwer zugängliche ‚Ausländer' zu bauen. Sondern es muss völlig neu nachgedacht werden über bezahlbare Lebensräume für alle!

Septembertee oder Das geliehene Leben

Auszug aus dem gleichnamigen Buch, 2007

Wie versprochen brachten wir meine Mutter zurück. Zurück zu ihrem Ursprung, zurück in ihr Dorf, das »Anfang der Brücke« heißt, Köprübaşı. Gegründet 1864 von der Generation der Großeltern meiner Eltern, allesamt Vertriebene aus dem Kaukasus, Tscherkessen, die nach dem Expansionskrieg des russischen Reiches unter Zar Nikolaus I. vom osmanischen Reich aufgenommen und angesiedelt wurden. Viele fuhren gleich weiter an die verschiedenen Kriegsfronten, um mitzukämpfen, wie der Großvater meines Vaters, andere, wie der Großvater meiner Mutter, blieben, legten die Sümpfe trocken und rodeten die Wälder für Acker- und Weideflächen, um sich eine neue Existenz aufzubauen. Denn für sie alle gab es kein *Zurück* mehr, ihre Dörfer waren abgebrannt, ihr Besitz enteignet. Sie blieben unter sich, mit ihrer Sprache, ihren Sitten und Bräuchen, die bis heute peinlichst genau befolgt werden.

Die Tscherkessen, die sich selbst »Adyge« nennen, was übersetzt »die Edlen« heißt, sind ein Volk ohne Schrift, die mündliche Überlieferung ist ihre einzige Bibliothek, das Ritual ihr Gesetzbuch und die Familie ein heiliger Ort, eine innere und äußere Burg, Heimat und Lehranstalt zugleich. Auch wenn sie die Amtssprache Türkisch in Schulen und Ämtern akzeptieren, zu Hause, am Esstisch, wird auch heute noch Tscherkessisch gesprochen.

Meine Mutter liebte diese Essen mit ihrer Mutter, ihren Schwestern und Cousinen, die Männer saßen in Blickweite an einem Extratisch. Ich erinnere mich an unsere erste Rückreise aus Deutschland, ich war gerade zwölf Jahre alt geworden, als ich das erste Mal meine Mutter laut lachen hörte. Sie lachte so laut und so lange, als wäre sie eine andere. Ich verstand den Grund dieser Gelöstheit nicht, denn ich verstand keine Silbe dieser phonetischen Akrobatik mit achtzig verschiedenen Reibe-, Knarr- und Zischlauten. Das Tscherkessische klingt, als würde ein Sack Kieselsteine auf Marmor prasseln, sagt eine Legende, eine Höchstleistung aller Muskelgruppen zwischen Lippen und Stimmbändern.

Meine Mutter lachte, hustete, klopfte sich auf die Brust und verteilte dabei selbst klackernde Kieselsteine zwischen die anderen. Ihre Augen waren rund und klar, ohne jegliche Traurigkeit, und die Winkel um ihren schönen vollen Mund nicht mehr verzerrt nach unten gedrückt. Sie schien größer und reicher und tief zufrieden zu sein, sorglos wie ein Kind und unverstellt.

Vielleicht wollte sie deshalb immer wieder zurück. Vielleicht auch aus anderen Gründen. So genau weiß ich es nicht. Sie hat es nie erklärt. Sie sagte immer nur *zurück*.

Zurück. Eigentlich ein schönes Wort. Zwei Silben voll Raum und Zeit, die vor keinem noch so unwägbaren Gelände zurückschrecken. Meine Mutter benutzte es oft und gern, obwohl sie es nie richtig aussprechen konnte. Sie sagte stattdessen »sürük«. »Ich wieder sürük nach Hause«, erklärte sie den Nachbarn stolz in ihrem Basisdeutsch, »in meine Haus und meine Gardän, su meine Vater und meine Mutter.« Und dann lächelte es durch ihren ganzen Körper hindurch, als säße sie auf einem Thron. Für meine Mutter war dieses »Sürük« wie ein Königsstab, den sie fest in der Hand hielt und an dem sie sich immer wieder aufrichtete.

Der Grund, warum meine Mutter die deutsche Sprache nicht lernen konnte, war nicht mangelndes Interesse am hiesigen Leben. Im Gegenteil, sie lief mit offenen Augen und offenen Armen durch dieses Land, voller Staunen und Respekt gegenüber dem Können und Wissen an jeder Straßenecke. Sie war neugierig auf die Kuchenrezepte, den Einrichtungsstil, darauf, wie Geburtstage und Hochzeiten gefeiert wurden, wie Kirchen von innen aussahen und wie die Gräber gepflegt wurden. Der Grund für ihr »Basisdeutsch« war, dass sie auch ein »Basistürkisch« sprach und mehr oder weniger auch ein »Basistscherkessisch«. Meine Mutter beherrschte eigentlich gar keine Sprache. Weder gesprochen noch geschrieben. Sie hatte zwar heimlich das Alphabet gelernt, bis sie ihren Namen schreiben und die Kalendersprüche lesen konnte, aber ihr Vater hatte den weiteren Schulbesuch verboten. Sie musste als Erstgeborene schon von frühester Kindheit an ihrer ständig schwangeren Mutter bei der Hausarbeit helfen.

[…]

Am Ende aller Tage wollte sie zurück auf den »Rücken ihrer Ahnen«, wie sie sagte, das mussten wir ihr versprechen. Zurück
in das angeborene Bleiberecht, zurück zu ihren Eltern und dem
jüngsten Bruder, die mitten auf dem Friedhof ihres Heimatdorfes
nebeneinander liegen. Hin zu der Erde, aus der sie nie wieder vertrieben werden kann, wo ihr Grab noch von den Nachgeborenen
verteidigt wird. Sie wollte zurück in ein Stück Eigentum, weil ihr
unsere Existenz in Deutschland immer wie ein geliehenes Leben
erschien.

Deshalb war ihr bereits die Vorstellung eines befristeten oder
gemieteten Grabes, wie es hier Sitte und Gesetz ist, das pure Grau-
en. Wie sie überhaupt alles Gemietete oder Geliehene als grauen-
haft empfand. Mir war, als schäme sie sich sogar dafür, dass wir
hier all die Jahrzehnte immer nur zur Miete wohnten. Sie wollte
nie, dass ihre Schwestern sie in ihrer geliehenen Welt besuchten.

[…]

Erst jetzt, nach ihrem Tod, sah ich das übergroße und vitale Blätter-
werk ihrer Herkunft und spürte das erste Mal körperlich, was sie
vermisst haben musste in den vergangenen fünf Jahrzehnten. In
der Seele eine Adyge, die laut Pass eine assimilierte Türkin zu sein
hatte und die, ihren Kindern zuliebe, bereit gewesen war, klaglos
die kulturelle Quarantäne als »Ausländerin« zu ertragen. Sie hatte
nicht gezweifelt und auch nie gefragt. »Den die Antworten stehen
schon auf der Stirn geschrieben«, sagte sie, »von Allah!«

[…]

Nichts hatte sich verändert. Äußerlich und inhaltlich – nichts! Immer noch handgroße Schlagworte auf den Titelseiten und Artikel
in sogenannten seriösen Wochenzeitungen, die ich kaum fassen
konnte: »Was den Briten die Pakistani, dass sind den Deutschen
die Türken«, las ich in der *Zeit*.

Von und mit:

Renan Demirkan

Regie: Axel Beyer

Die Hände meiner Mutter

Geschichten vom Mutterwerden
und Muttersein

Migration, das unbekannte Leben

Vortrag im Rahmen des Kongresses Europe: Le Développement par la Migration et l'Intégration, *gehalten auf Einladung von Goethe-Institut und UNESCO am 10. Mai 2007 in Paris*

Ich soll und darf erzählen von einem offensichtlich unbekannten Leben – dem Leben einer Migrantin. Deshalb will ich ihnen gleich die wichtigste Information zu meiner seelischen Grundbefindlichkeit – sprich meiner Identität – nicht vorenthalten: Sie sehen und hören gerade zwei Menschen durch einen Körper reden. Wie das geht? Ganz einfach: geboren 1955 in der Türkei und als Siebenjährige von den Eltern nach Deutschland mitgenommen.

Heute, im Mai 2007, bin ich immer noch eine siebenjährige Türkin, aber mittlerweile auch eine fast 45-jährige Deutsche – denn ich werde im nächsten Monat 52.

Das tut nicht weh und macht mir auch sonst eigentlich keine Probleme. Wenn da nicht diese ständig irritierenden Fragen wären: Wie sieht es denn mit der Loyalität aus? Welche von den beiden bist du nun wirklich?

Und ich immer wieder antworten muss: Ich bin beide, die Türkin und die Deutsche – im selben Atemzug. Und wollten sie die eine von der anderen trennen, dann würde die Patientin Renan Demirkan noch auf dem OP-Tisch sterben.

Das hat aber nichts mit Integration zu tun, sondern mit Identität! Obgleich diese Koexistenz der beiden Sprachen, Religionen und Lebensformen oftmals ein Fluch war, war es aber auch immer wieder ein Segen.

Der Fluch sind die bis heute ausgrenzenden Fragen. Wohin gehörst du? Was ist deine Heimat? Wieso sprichst du denn so gut Deutsch? – die eigentlich nur eins ständig wiederholen: Du gehörst nicht zu uns! Wer auch immer mit UNS gemeint ist.

Der Segen dagegen ist unermesslich: Ich lebe die Sunnyside der Bi-Kulturalität! In Türkisch habe ich die Welt kennengelernt, in Deutsch habe ich sie begriffen. Das heißt, ich habe zwei Sprachen, mit denen ich in die Welt sehen kann. Dazu kommt noch eine Vielfalt der ethischen Einflüsse – sozusagen die Götter-WG, in der ich geistig wachsen durfte: Von meinen moslemischen Verwandten lernte ich die Liebe, von unseren christlichen Lehrern und Nachbarn den Pragmatismus und von den jüdischen Philosophen lernte ich verstehen.

Als Künstlerin bin ich täglich dankbar dafür und empfinde es als das größte Geschenk meiner Eltern an mich, dass sie mich verpflanzt haben. Denn für mich ist das Anderssein meines Gegenübers noch nie eine Bedrohung gewesen, sondern eine Besonderheit – und dabei so selbstverständlich wie die verschiedenen Finger an meiner Hand. Den Unterschied der Anderen habe ich immer als eine selbstverständliche Ergänzung zu meinem eigenen Teilkosmos gesehen. Vielleicht ist das sogar – neben der Liebe meiner Eltern und meines Kindes – die einzige Selbstverständlichkeit in meinem Alltag: das Anderssein als Selbstverständlichkeit!

Denn alles andere musste ich mir erarbeiten oder erkämpfen: das Dazugehören zur Zivilgesellschaft und die Anerkennung gleichwertig zu sein. Ich weiß heute, dass wir in jeder Sekunde die Summe aller unserer Erfahrungen sind, all unseres Wissens und Könnens und auch all unserer kulturellen Wurzeln. Und manche sind eben in zwei oder drei Kulturen groß geworden und werden dadurch auch immer in jedem Atemzug all diese mehrteiligen kulturellen Wesen sein.

Ich weiß, dass es schwer zu verstehen ist, aber es ist so! Wie 1 plus 1 gleich 2 ist.

Es liegt mir auf der Zunge in der Heimat Simone de Beauvoirs zu sagen: Der Migrant – das unbekannte Geschlecht. Denn bislang ist der Zugewanderte tatsächlich noch in jedem Land das unbekannte Geschlecht. Und bleibt es oftmals bis zu seinem Lebensende. Warum? Weil sich die Mehrheitsgesellschaften nicht wirklich für diesen neuen Mitmenschen in ihrer Mitte interessieren, obwohl er ein aktiver Mitgestalter der Gemeinschaften ist.

Er bleibt in der öffentlichen Wahrnehmung ein ‚Randphänomen' – nicht wirklich gewollt, geduldet und ertragen im besten Fall, kaserniert oder ghettoisiert im Regelfall. Das ist ein einsames Leben.

Mir ist es unverständlich, wie eine Gesellschaft eine derart einfache kulturelle Innovation so hartnäckig ignorieren kann. Denn Kultur ist ja genuin die Summe aller kreativen Ausdrucksformen einer Gesellschaft – ein ewiger Prozess, der sich aufbauend gestaltet. Und wenn Gesellschaften die Lebensmodelle der Dazugekommenen ignorieren, werden sie statisch, blockieren und verhindern ihre eigene Entwicklung und Erweiterung. Nur totalitäre Systeme verweigern die kulturelle Weiterentwicklung ihrer Gesellschaften und ihre sogenannten Leitkulturen werden zu Fesseln der einzelnen Bürger.

Deswegen ist es mir absolut unbegreiflich, warum beispielsweise Deutschland sich nie auf ein respektvolles und würdiges Einwanderungsgesetz einigen konnte und die Dazugekommenen als reine Kosten-Nutzen-Faktoren einer Wirtschaftsbilanz behandelt hat – genauer gesagt: seit fast einem halben Jahrhundert behandelt! Gerade dieses einst von einer perversen ‚Leitkultur‘ so leidvoll geprüfte und zerstörte Land.

Ich habe 1997 – also als 35-jährige Deutsche und siebenjährige Türkin – ein Programm geschrieben und für die Bühne inszeniert, das das ästhetische Resümee meines Denkens zeigen sollte: *RESPEKT!*

Ausgangspunkt des Stückes war mein Gedicht *Wer bist du?* Und das Zentrum bildeten die Grundbekenntnisse der vier großen Hauptreligionen: das Schma Jisrael, das Alham, das Vaterunser und das Om mani padme hum. Wissen Sie, was faszinierend ist? Sie alle sind sinnidentisch!

Sinnidentisch meint, sie behandeln denselben Inhalt und zielen auf dasselbe ab! Und das sind in der Essenz zwei Fragen: Was kommt nach dem Tod? Und: Was ist der Sinn unseres Lebens? Es ist deshalb faszinierend, weil es uns in der einfachsten Form zeigt: Wie ähnlich wir alle uns doch sind – trotz unterschiedlicher Sprachen, Hautfarben, Zeitzonen und Religionen – und wie wenig uns letztlich wirklich unterscheidet!

Ganz konkret heißt das: Wir haben Angst vor dem Tod, weil wir nicht wissen was danach kommt. Und wir suchen vom ersten Atemzug bis zum letzten nach dem Sinn unseres Lebens. Und dabei stellt sich jeder dieselben Fragen – Mann-Frau, schwarz-weiß, alt-jung – in jeder Religion: Wie werde ich satt, wie schaffe ich meinen Kinder ein sicheres Zuhause und wie werde ich wieder gesund, wenn ich krank war?

Wir alle brauchen den Schutz unserer Würde, brauchen Freiheit und Gerechtigkeit. Und wenn wir alle uns dieser Verwandtschaften bewusst werden, gibt es keine Ausländer, Migranten, Flüchtlinge oder Asylanten! Das ist mein Traum. Mein Wollen und mein Gebet!

Und die Frage nach dem Wer-bist-du? wird hinfällig. Auch das ‚Zu-uns-gehören' oder auch die Drohgebärde der Leitkultur.

Denn es geht um das Leben selbst. Um die große Welthand, an der wir die verschiedenen Finger sind. Untrennbar aufeinander angewiesen und voneinander abhängig. Was nicht nur durch die Umweltkatastrophen, Organspenden und die Börsennachrichten zu beweisen ist. Es erklärt sich fast von selbst, warum ich das Wort ‚Integration' im Zusammenhang der Migration nicht benutze.

Denn Integration heißt übersetzt, laut Duden und Brockhaus: Bildung einer übergeordneten Einheit, Eingliederung in eine Einheit, Wiederherstellung eines Ganzen, Wiederherstellung einer Einheit. Und in einer alten Übersetzung: sich unterordnen unter das Ganze bei Aufgabe des Eigenen.

Welche Einheit wird denn durch die Zugewanderten derart zerrissen, dass sie durch kurzatmige Integrationspläne wiederhergestellt werden muss? Dieser Integrationsdruck ist in meinen Augen ein sittenwidriger Versuch der Zwangsnationalisierung. Und damit ein Verstoß gegen das Menschenrecht auf Unterschied und Eigenständigkeit. Das heißt, es ist in der Essenz ein Verstoß gegen den ersten Artikel des Grundgesetzes: Die Würde des Menschen ist unantastbar!

Ich kann nicht verstehen, warum die Migration derart negativ interpretiert wird, derart bedrohlich verstanden wird, dass das Neue immer wieder unter das Alte subsumiert werden soll und muss.

Als könnten sich Menschen und Kulturen auflösen wie Nescafé. Zugewanderte sind die Addition zum Bestehenden. Sie zerreißen nicht, sie vergrößern – wie die Jahresringe den Baum. Also müsste man fragen: Seid ihr angekommen oder nicht? Und das Ankommen meint das Anwachsen, das Bleiben. Das Bleiben bis über den Tod hinaus.

Meine Mutter etwa – Gott hab sie selig – ist nie in Deutschland angekommen, weil sie eigentlich nie bleiben wollte. Schon gar nicht über ihre Zeit hinaus. Sie wollte immer zurück in ihr unvergessbares Zuhause im Dorf Köprübaşı.

Aber ich antworte auf die Frage bereits ganz anders: Ja, ich bin angekommen und angewachsen in Deutschland. Es ist mein Land, meine Sprache, und ich will und werde bleiben – auch über meine Zeit hinaus. Denn die Türkin Renan ist immer ein siebenjähriges unselbstständiges Kind geblieben. Aber die deutsche Renan ist durch die Jahrzehnte eine selbstständige Frau geworden, die existenziell verwachsen ist mit dem geistig-kulturellen Leben in deutscher Sprache.

Meine Tochter (eine österreichisch–türkische Mischung, der diese Problemstellung bereits völlig fremd ist!) ist in Köln geboren; meine Bücher habe ich in Deutsch geschrieben; meinen Beruf kann ich am besten in Deutsch ausüben – ich bin zuhause bei Goethe und Brecht, bei Adorno, Fromm und Benjamin.

Von meinem Vater und meiner Schwester würden Sie sicher ganz andere Antworten hören, aber auch sie werden das Wesentliche ihres Lebens in zwei Kulturen mit ihrer Doppelidentität begründen. Daran zeigt sich sehr deutlich, dass es dem Migranten selbst nie um die Integration in die Mehrheitsgesellschaft geht, sondern immer nur um die Verknüpfung der Identitäten von gestern und jetzt – was irgendwann in einem ganz natürlichen Prozess so sehr verflochten ist mit dem neuen Zuhause, dass er bleiben muss.

Es zeigt aber auch, dass die Mehrheitsgesellschaft auch nur ihre eigene Identität meint, wenn sie von Integration spricht.

Da sie sich selbst nicht positiv formulieren kann (zumindest in Deutschland), muss sie sich abgrenzen, um sich zu definieren. Statt offen mit dem Neuen umzugehen – Willkommen bei uns, denn wir sind neugierig, was du mitbringst und was wir von dir lernen können! –, reagiert sie völlig übereilt und ängstlich mit dem Kontrollinstrument der Integration, um die neu Dazugekommenen am liebsten gleich unsichtbar zu machen. Dabei könnte sie sich gelassen zurücklehnen und den assimilatorischen Prozess vorbereiten – mit einem vernünftigen Einwanderungsgesetz.

Denn Migranten, die bleiben, sind Eingewanderte und werden ein genuiner Teil der zukünftigen Mehrheitsgesellschaft. Wir wissen nicht mit letzter Sicherheit, warum die sogenannten großen Kulturen wirklich zugrunde gegangen sind – ob durch Größenwahn, hermetische Leitkultur oder hemmungslose Dekadenz –, aber wir wissen aus der jüngsten Geschichte, wohin Größenwahn, Leitkultur und Dekadenz geführt haben: zu millionenfachem Leid von Kindern, Frauen und Männern und der Zerstörung der schönsten Städte Europas.

Frankreich hatte Glück mit seinem Widerstand – Paris ist der Nachwelt erhalten geblieben –, aber Deutschland ist für immer gezeichnet. Weil es auf eine perverse Art rein bleiben wollte, rein arisch: In Gesinnung und Gestalt sollte es eine Insel der Gleichen werden, eine Anstalt von kontrollierten Systemkonformisten.

Ich gestehe, als ich vor zwei Tagen hörte, dass sich die CDU in ihrem neuen Programmpapier immer noch zu der längst überholten Integrationspolitik und explizit zu einer ‚christlich-deutschen Leitkultur‘ bekennt, war ich sprachlos! Ich bin der festen Überzeugung, dass es in Zukunft keine Alternative zur weltweiten Migrationsbewegung geben wird, die Globalisierung hat es ja selbst evoziert – die Menschen werden der Arbeit hinterher ziehen.

Das bedeutet, dass wir dringend eine vernünftige Migrationspolitik brauchen! Mit Quotierung einerseits und Bleiberecht und Gleichstellung andererseits, mit Sprachschulung in der Forderung und Arbeit und Ausbildung im Angebot. Mit der Pflicht zur Achtung und Wahrung der Gesetze und dem gleichzeitigen Recht auf eigene Traditionen und dem Respekt gegenüber der Religionsausübung.

Europa sollte sich schnellstens auf ein einheitliches Einwanderungsgesetz einigen mit der Zielsetzung: Ja, wir wollen Einwanderer um unserer selbst willen. Und mit klaren Vorgaben für die neu Dazukommenden, damit sie endlich als vollwertige

Mitglieder der Gemeinschaften ernst genommen werden. Denn die permanente Ausgrenzung und nachlässige Duldung der Migranten ist demütigend! Und Demütigung ist psychosoziale Gewalt und eine subtile Form von Folter, weil unablässige Erniedrigung die Menschen mürbe macht, müde und antriebslos. Wie etwa meinen Vater, der 1961 nach Deutschland kam, weil es das Land von Kant, Hegel und Schopenhauer ist. Er hatte die großen Denker schon in der Türkei auf Deutsch gelesen – er liebte die deutsche Klassik; als Kinder haben wir überhaupt nie etwas anderes gehört. Er ist sogar zwanzig Jahre lang nicht in die Türkei zurückgefahren, weil er in Deutschland heimisch werden wollte.

Aber heute, mit 83, sagt er: Es war alles umsonst! Sie wollen uns nicht! Halbherzige Gesetze, die den Aufenthaltsstatus in der Schwebe lassen, halbherzige Sprachversuche wie ‚Gastarbeiter' oder ‚ausländische Mitbürger', die einen Zaun um uns ziehen, und nun neuerdings die subtile Kriminalisierung der Moslems, eine schleichende und gefährliche Form der Sündenbocktheorie, mit der immer mehr Populisten operieren.

Es gibt aber auch eine sehr aggressive Reaktion auf diese demütigende Ignoranz und Ausgrenzung – und die mobilisiert eine ungeahnte explosive Gegengewalt. Siehe in Paris den Zorn der jungen Maghrebiner im letzten Jahr und in Deutschland die ständig wachsende Gewalt in den Schulen und Fußballstadien. Kein Land kann es auf Dauer verkraften, wenn große Teile der Bevölkerung sich den kreativen Prozessen und dem gesellschaftlichen Konsens entweder entziehen oder diese zerstören!

Zum Schluss möchte ich Ihnen ein Projekt vorstellen, dessen Schirmherrin ich bin. Es heißt MüfüMü (Mütter für Mütter in Berlin Moabit) und kümmert sich um die vorwiegend orientalischen Frauen und Mütter des Berliner Stadtteils mit bis zu zwölf Kindern pro Familie.

Frau sein ist ja bekanntermaßen sowieso schon einer der schwersten Jobs in der Männer dominierten Welt, aber die härteste Prüfung für eine Frau ist es, eine Mutter zu sein! Für mich persönlich war es die wesentlichste, die ich je erfahren habe! Es ist eine der schwierigsten Aufgaben für jede Frau, ihren Kindern

Schutz und Haltegriff zu sein, Liebende und Lehrerin, egal in welcher Hautfarbe und Religion. Aber eine Mutter in der Migration zu sein, ist nahezu nicht mehr zu bewältigen, wenn die Mutter selbst weder lesen noch schreiben kann, vom Mann abhängig ist und von der Gemeinschaft isoliert lebt.

Diese Frauen müssen einen Spagat aushalten, der sie selbst völlig überfordert und hilflos zurücklässt. Denn diese Frauen versuchen mit größtem Einsatz den familiären Ursprung lebendig zu erhalten, kochen das tradierte Essen, erinnern an die religiösen Feiertage, sprechen die Sprache, sammeln die Fotos in Alben, halten den Kontakt zu den Verwandten.

Und gleichzeitig müssen sie ihre Kinder in das neue Leben begleiten, das sie selbst weder kennen noch begreifen. Von ihren Männern ist keine Hilfe zu erwarten. Sie verdienen das Geld, und Kinder sind in ihren Kulturen sowieso Frauensache. So können die alleingelassenen Mütter nur zuschauen, wie ihre Kinder sich verselbstständigen und sich sogar irgendwann genervt von der zurückgebliebenen Mutter abwenden.

Und so verliert sie Kind für Kind an die neue Welt. Und die Kinder fühlen sich obdachlos und ungeliebt und reagieren sich aggressiv in den Straßen ab. Diese Mischung aus Überforderung und Isolation birgt ein hoch explosives Gewaltpotenzial und hinterlässt nur Leid. Und das nur, weil es die Mehrheitsgesellschaft nicht schafft, die neu Dazugekommenen direkt in ihre Mitte aufzunehmen und sie in das neue – gemeinsame! – Leben zu begleiten.

Die Gewalt an den Schulen und in den Stadien, in den Banlieus und auf den Pariser Straßen, ist hausgemacht und wäre zu vermeiden gewesen. Ich wiederhole es noch einmal: Es gibt keine Alternative zum offenen Gesellschaftskonzept! Und die Grundlage der politischen Entscheidungen muss in jeder Instanz dem ethischen und moralischen Konsens der Menschenrechte entsprechen.

Statt mit dem überholten Instrumentarium der Integration die Migranten auszugrenzen, sollten die europäischen Regierungen sich mit einem gemeinsamen Programm und einem einheitlichen Einwanderungsgesetz offen zu einer Zukunft miteinander willkommenen Migration bekennen.

Ich hoffe, ich konnte Ihnen einen kleinen Einblick in mein doppeltes ‚Migranten'-Leben und -Denken geben. Sie sehen, mir tut es nicht weh und ich bin auch kein Freak. Und wenn ich Ihnen jetzt sage, dass ich eigentlich, wenn man es ganz genau nähme, als Dreiling zu Ihnen rede – nämlich als Tscherkessin, Türkin und Deutsche – dann wachsen mir immer noch keine Schwimmflossen oder lange Ohren, dann bin ich nur 1 plus 1 plus 1 gleich 3 in einem Atemzug.

Vielleicht können Sie ja irgendwann – wie Sie die biologischen Mehrgeburten akzeptiert haben – auch die kulturellen Mehridentitäten akzeptieren. Als eine real existierende Wirklichkeit der Einwanderer in Ihrer Nachbarschaft. Denn das frühere Leben ist keine Altlast, die entsorgt werden muss. Und das neue Leben keine neue Haarfarbe, die so sehr anpasst, dass sie die alte wegätzt. Diese Gleichung hieße nämlich: Minus 1 plus 1 ergibt 0.

Aber eine Nullidentität gibt es nicht!

...ÜBER LIEBE
GÖTTER UND
RASENMÄHN

WIE BUCHSTABIERT MAN LIEBE?
www.renan-demirkan.de   ein Abend von und mi
RENAN DEMIRKAN
Musik: Mike Herting

Doppelstaatlichkeit ist ein Menschenrecht

Beitrag für HÖRZU, Januar 1999

Es macht mich traurig und wütend, mit welchem Kalkül das demokratische Instrument der Volksbefragung missbraucht wird. Die Unterschriftenaktion der CDU/CSU gegen die doppelte Staatsbürgerschaft ist geradezu die Verhöhnung von Demokratie.

Dieser seltsam aggressive Findungsprozess der Union ist die völkische Axt in sämtliche gesellschaftliche und kulturelle Dialoge und hat nichts mit Aufklärung und ‚Integration' zu tun. Das ist Heuchelei. Ich habe Angst davor, dass diese Abholzung zivilisatorischer Errungenschaften ein humanistisches Brachland zurücklässt.

Aber vielleicht muss der neuen Opposition ihr ungewohnter Job erstmal erklärt werden: Opposition heißt Widerspruch und Kritik, aber nicht Volkshetze, sonst wird daraus ganz schnell ein Opportunismus der niederen Instinkte! Das Land der ‚Dichter und Denker' rühmt sich doch gerade, diese niederen Instinkte endlich überwunden zu haben: 1999 feiert dieses Land den fünfzigsten Geburtstag einer der besten Verfassungen der Welt!

Mir gefällt der Vorschlag von Innenminister Otto Schily. Er besteht nicht auf der Dressur, die die bisherigen Integrationspläne implizierten. Durch den doppelten Pass wird der andere Ursprung als existent respektiert und rechtlich anerkannt. Dadurch sind die so Eingebürgerten keine privilegierten Menschen, aber der kulturelle Unterschied wird auch nicht tabuisiert.

Gleichzeitig drängt er den Einwanderer, sich mit der hiesigen Sprache, Kultur und Verfassung auseinanderzusetzen und wirkt der Ghettoisierung entgegen. Es gibt nämlich auch eine kulturelle Pflicht der Migranten, sich zu artikulieren. Und diese Gesetzesvorlage zwingt Einwanderer, sich zu erkennen zu geben, sich einzumischen und nicht, wie bislang, sich in ihre sprachlosen Nischen zurückzuziehen.

Ich halte eine Diskussion über die Modernisierung des alten Staatsbürgerrechts für absolut notwendig. Deutschland muss sich der Zeit anpassen, der neuen Weltgesellschaft, in der der hermetische Begriff der ‚Nation' durch den transzendenten Begriff der ‚Kultur' ersetzt werden wird.

Die Globalisierung macht nicht vor dem deutschen Aktienindex halt. Menschen, Religionen, Kulturen vernetzen sich ebenso. Das Denken wird größer. Da reicht das alte feudale Sippengesetz des gemeinsamen Blutes nicht mehr aus.

Überdies ist das einzig *wirklich* Internationale neben dem Zahlungsmittel Geld das menschliche Blut. Durch die Blutbanken und Transfusionen sind wir weltweit miteinander vermischt. Durch das Blut sind wir gleich. Uns unterscheiden die Zivilisationen. Und die sind keine unüberwindbaren Naturereignisse. Sie sind von Menschen geschaffene Kulturen, also veränderbar, erlernbar und überwindbar.

Als Orientierungskodex bei der Findung einer deutschen Identität war das alte Recht sicher eine Zeitlang ganz sinnvoll. Aber wie Nationalismus noch aussehen kann, hat sich in der Fratze des Hitlerfaschismus gezeigt.

Kultur ist der sichtbare Ausdruck von gesellschaftlicher Zeit, und sie ist immer ein dynamischer Prozess und nie ein statischer Zustand. So sind fortwährende Veränderungen durch neue Einflüsse kulturimmanente Eigenschaften und Garanten zukunftstauglicher Gesellschaften.

Es schrumpft nur, was tot ist. Alles, was lebendig ist, wächst!

Natürlich wäre ich froh darüber, wenn sich diese Einsicht in allen Lebensbereichen durchsetzen ließe. Ich bin Schauspielerin – wenn ich nicht täglich dazulernen würde, könnte ich mich direkt einsargen lassen.

Aber wenn sich diese Erkenntnis als unumkehrbare Notwendigkeit für die kommenden Generationen festhakt, dann entwickeln sich alle „förderlichen und flankierenden Maßnahmen" zur alltäglichen Umsetzung von selbst.

So also stehe ich zum ‚Doppel-Pass': Kein Mensch ist durch einen Pass definiert, aber der Pass ist ein juristischer Ausdruck seiner Zugehörigkeit. Ich weiß, dass jemand, der nicht bikulturell aufgewachsen ist, kaum nachzuvollziehen kann, dass man sich in

Renan Demirkan feierte gleich drei Geburtstage

Die Schauspielerin Renan Demirkan und ihre Tochter Ayshe erhielten den deutschen Pass.

VON CLAAS MEYER-HEUER

Gestern feierte die Künstlerin mit türkischen Wurzeln ihren 47. Geburtstag. Bei der Bezirksregierung an der Zeughausstraße, wo sie die Urkunde von Regierungspräsident Jürgen Roters entgegennahm, äußerte sie, dass sie dreifach feiern wolle: einmal ihren türkischen Geburtstag, dann ihren deutschen und dazu noch ihre Immigration vor genau 40 Jahren. Demirkan kann ihren türkischen Pass behalten, was nach eigener Aussage genau ihrer Identität entspricht: „In meinem Herzen sind beide Nationen vertreten."

Eigentlich wollte die Autorin schon vor sieben Jahren die deutsche Staatsbürgerschaft annehmen, was ihr die Behörden aber verweigerten. Das neue Staatsbürger-schaftsgesetz, das vor zweieinhalb Jahren in Kraft trat, half nur bedingt: Acht Jahre – davor waren es 15 – muss der Einbürgerungswillige legal in Deutschland gelebt haben, bevor er einen rechtlichen Anspruch genießt, einen deutschen Pass zu erhalten. Allerdings gibt es einen bürokratischen Ermessensspielraum: Der (Noch-)Ausländer muss mit Sprachkenntnissen und seiner Unterhaltsfähigkeit aufwarten. Demirkan über ihre Einbürgerung: „Es war eine behördliche Kann-, keine Muss-Entscheidung." Im Gegensatz zur Mutter kann sich die 17-jährige Tochter Ayshe nicht lange über zwei Pässe freuen. Mit der Volljährigkeit muss sie sich für einen Pass entscheiden. So will es das neue Gesetz. Ayshe gedenkt, Deutsche zu bleiben. Mutter und Tochter betonten ihre bikulturellen Identitäten: Falls bei der Fußball-WM beide Nationen aufeinander treffen, „soll der Bessere gewinnen", so Renan Demirkan.

Froh über die gelungene Einbürgerung (v. r.): Renan Demirkan, ihre Tochter Ayshe und Regierungspräsident Jürgen Roters. BILD: WORRING

zwei oder mehreren Kulturen verwachsen fühlt. Verwurzelt, wie man sich in seinen Kindern eingewachsen sieht. Obwohl es völlig verschiedene Wesen sind, gibt es ein elementares Zugehörigkeitsgefühl, weil sie im selben Körper, in derselben Seele, gewachsen sind.

Doppelstaatlichkeit grenzt die Freiheit derer mit einem Pass nicht ein und amputiert nicht die, deren Welt sich in zwei Pässen widerspiegelt – und meine Welt wäre vollkommen, hätte ich die amtliche Bestätigung meiner deutschen Zugehörigkeit zu meiner türkischen dazu. Doppelstaatlichkeit ist ein urdemokratisches Menschenrecht, weil es die Komplexität des Einzelnen respektiert und schützt.

Mein Problem

Man fragt mich immerzu nach
Meiner Heimat,
aber *Heimat*
ist nicht mein Problem.
Meine Heimat sind die Tage,
an denen ich atme,
sehe und Worte finde,
fassen und laufen kann.
Ich habe ein Asyl bei Gott,
auf Lebenszeit!
So lautet der Vertag.

Sie sehen
Heimat ist nicht mein Problem.
Mein Problem ist:
Ich habe kein *Zuhaus*,
nicht die Sicherheit,
eine Lücke auszufüllen,
dazuzugehören,
so selbstverständlich
wie die Wurzeln an den Baum
oder das linke zum rechten Bein,
daran fehlt es mir,
an Verbündeten und Vertrauen,
eben an einem *Zuhaus*.

Das ist kein Wohnsitz,
mit Klingel und Namensschild,
kein Mauerwerk gegen die Kälte,
keine bezahlte Unterkunft,
ich werde immer unterkommen,
außer mein Verstand kündigt mir –
nein,

mein Problem,
ist nicht der Briefkasten an der Tür,
mein Problem
sind die Briefe in mir.
Wem schreibe ich,
wie gut mein Kind gelungen ist?
Wem, dass ich mich um sie sorge?
Wer denkt an ihren Geburtstag,
wenn ich nicht mehr bin?
Wer weiß noch von meinen Tränen,
als ich zur Schule ging?

Es mangelt mir
an *Verwandten,*
an Menschen,
die mir ähnlich sind,
an Menschen,
zu denen ich gehöre,
wie Finger zu der Hand,
die mich vermissen,
wenn sie gemeinsam sind,
wenn sie sich erinnern,
wenn sie feiern, wenn sie trauern.

Es gibt niemanden,
der mir angehört,
der sich mit mir teilt,
den Onkel, die Nichte,
einen Freund
oder
die gemeinsame Geschichte.
Darin liegt mein Problem.

Wer stellt sich dazu,
wenn man mich abseilt
in die andere Welt,

wer lockert regelmäßig die Erde,
damit ich nicht zu schnell verwese?
Wer pflanzt einen Maulbeerbaum,
redet mit meinen Resten,
wer bringt mir Musik,
die sich so liebe?

Wer vergisst die Fehler,
die falschen Nächte
und blättert stolz
in meiner Schwäche?

Wer?
Und wo?
Wo – werde ich liegen
Und neben wem?
Wissen Sie,
das –
das ist mein *wirkliches* Problem –
neben *wem*?

Die Würde des Menschen ist das oberste Ziel

Beitrag für Die Welt, *27. August 1999*

Als ich die Anfrage erhielt, zum Thema ‚Türkei – my lost country' einen Artikel zu schreiben, habe ich spontan zugesagt – unter der Bedingung, eine andere Überschrift wählen zu dürfen. Es ist ja nicht mein Land, das da eingestürzt ist, es ist das Land derer, die dort von den Trümmern lebendig begraben wurden. Aber wem gehört denn ein Land wirklich, den Toten, den Lebenden oder den Ungeborenen? Ist die Zugehörigkeit etwas, was sich aus der Vergangenheit, der Gegenwart oder aus einem zukünftigen Blickwinkel formuliert? Und welche Eigenschaften muss ein Land haben, damit ich es mein Land nennen kann?

Als erste Antwort fällt mir ein: Ein Land muss mich gut behandeln. Mich aber hat das Land, das wie ein Pferdekopf aus Asien nach Europa blickt, wie es Nâzım Hikmet einmal beschrieb, weder schlecht noch gut behandelt. Dieses Land geht mich also auch nicht mehr oder weniger an als andere Länder, in denen meine Familie Urlaub macht. Aber mir fiel auf, dass ich bei anderen Katastrophen nicht annähernd so fassungslos und vor allem so gelähmt reagiert hatte, wie in den fünf Tagen der letzten Woche. Während des Kosovo-Kriegs war ich auch fassungslos, aber nicht gelähmt. Aber seit den ersten Nachrichten des 17. August saß ich regungslos vor den Fernsehbildern sämtlicher Nachrichtenstationen, das Telefon neben mir, und wartete auf die Stimme meiner Mutter. Obwohl ich wusste, dass sie nicht im Epizentrum sein konnte, sie war ja in Edremit, dreihundert Kilometer entfernt, wurde ich fast irre vor Angst, eine schlimme Nachricht hören zu müssen. Sie ist lediglich in der Erdbebenregion geboren, wie auch mein Vater und all ihre Brüder und Schwestern sowie etliche Tanten und Onkel, Nichten und Neffen.

Zwischen Istanbul und Ankara liegt das sogenannte Tscherkessengebiet von Adapazari, Bolu bis Düzce, wo unsere ganze Sippe versammelt ist. In Düzce sind meine Eltern geboren, und meine über alles geliebte Oma ist dort begraben. Das Land war zwar nicht gut zu mir, aber die Menschen waren es. Und ich liebe dieses Fleckchen Erde wegen der Menschen, die ich liebe. Und ich hatte Angst, weil ich die Namen und Stimmen, die Sprache und die Kultur der Menschen dort kenne. Türkei ist das Land meiner Ahnen und Verwandten. Und in dem Maß, in dem ich mich um meine Lieben sorge, sorge ich mich auch um das Land.

Dann endlich, nach zwei Tagen, kam in der Nacht der erlösende Anruf: Meiner Mutter geht es gut! Es hat zwar gewackelt und die Wände sind eingerissen, aber es steht alles und sie schläft nun mit den Nachbarn am Strand. Plötzlich war ich sogar wütend auf sie, dass sie nicht, wie mein Vater, vier Tage vor dem Erdbeben den Urlaub beendet hatte und mit ihm zurückgeflogen war. Aber so ist sie, eigenwillig und selbstbewusst – dafür liebe ich sie und war unendlich froh.

Ich kochte mir Kaffee und blieb auf, bis ich meine Tochter für die Schule wecken musste. Ich zappte hin und zurück von ntv zu CNN und sky-news. In jedem Programm dieselben Bilder: Helfer aus aller Welt buddelten und suchten zwischen Schutthaufen, ohne Licht und Wasser, unter Einsatz ihres eigenen Lebens. Hunde wedelten vor Steinhaufen und überall um sie herum sprachlose Menschen, die sich seit den totbringenden 45 Sekunden nur noch an Gebeten festhalten konnten. Sie hatten nichts mehr, nicht einmal mehr ein Erinnerungsfoto an ihre toten Kinder. Alles lag im Schutt.

Die Luftaufnahmen zeigten, dass ganze Stadtteile in sich zusammengefallen waren wie Sandhaufen, während einzelne, direkt angrenzende Hochhäuser nur leicht eingesackt zu sein schienen. Billigstes Baumaterial, gestreckt mit porösen Abfallstoffen und Trägerteile weich wie Spagetti seien der Grund für diese noch nicht einmal annähernd einschätzbare Katastrophe. Es wurde berichtet, dass es in der Türkei keine Seltenheit wäre, Häuser ohne Genehmigungen und Kontrollen zu bauen. Eine starke Bau-Mafia hätte die Politik fest in der Hand. Die Verantwortlichen seien ganz klar zu benennen: korrupte Politiker und profitgierige Bauunternehmer.

Die Nachrichten wurden immer beklemmender, täglich stieg die Zahl der Toten. Die größte türkische Zeitung titelte am dritten

Tag MÖRDER! Es wurde Freitag, bis wir alle Verwandten erreicht hatten. Sie leben! Den Göttern sei Dank. Aber ich konnte mich trotzdem nicht zurücklehnen und entspannen. Jedoch verfliegt allmählich die Sprachlosigkeit – und Wut kommt auf. Wut über die Arroganz eines Gesundheitsministers aus Ankara, der, statt der Welt zu danken, behauptet, die Türkei bräuchte keine Hilfe von außen! Welch ein Zynismus angesichts der Tausenden Toten und Trauernden! Das Militär, das sonst noch vor der Polizei vor Ort geschickt wird, ist nirgends zu sehen. Private Organisationen und Betroffene versuchen Wände zu heben, buddeln mit den Händen nach Lebenszeichen. Nirgends schweres Gerät, um die Schuttmassen zu heben.

Am vierten Tag gibt Ministerpräsident Demirel bereits Fehler zu. Eiligst werden die verurteilten Bauherren, die die Einstürze beim Erdbeben in Adana (1998; 145 Tote) zu verantworten haben, von der jährlichen Amnestieliste gestrichen. Sie bleiben weiter im Knast. Und noch immer gibt es keine Berichte vom Umland, noch immer war noch kein Verantwortlicher in den noch etwa einhundert betroffenen Dörfern. Mittlerweile rechne man mit 40.000 Toten, lässt die Regierung am sechsten Tag verlauten. Auch Herr Ecevit gibt nun Fehler zu. Und da beschwert sich ein Herr Keskin aus Hamburg, dass fünf Millionen Mark Soforthilfe der Bundesregierung zu wenig sind, und ein Herr Sen aus Essen stimmt ihm eifrig zu.

Und meine Empörung wird immer größer. Das ist die betonierte Arroganz der kemalistischen Doktrin, die überall im Land, in Schulen, auf Zeitungen, unter gusseisernen Sockeln auf Dorfplätzen geschrieben steht, wie schön es ist, ein Türke zu sein – nicht, wie schön es ist, ein Mensch zu sein! Fast können diese Herren nichts dafur, dass sie so denken, wie sie denken, in ihren nationalen Kosten-Nutzen-Rechnungen. Mich sorgt nur, dass dies die geistigen Eliten tun. Sie denken immer noch in feudalen Kategorien.

Demokratien aber denken in internationalen Kategorien. Die deutsche Verfassung beginnt mit dem wunderschönen Satz: Die Würde des Menschen ist unantastbar. Nicht: Die Würde des Deutschen ist unantastbar. Aber davon ist die türkische Politik und ihre Elite noch Lichtjahre entfernt. Das Leid der Menschen während dieser Erbebenkatastrophe ist der sichtbare Beweis. Und wenn die Kameras wieder verschwunden sind und die Hilfsorganisationen auch, wenn die Obdachlosen noch in zehn Jahren in improvisierten Hütten in den Wäldern hausen, werden sie immer noch das erzählen, was mir vor acht Jahren ein Taxifahrer erzählt hat:

Es war spät und wir hatten einen weiten Weg vor uns, etwa noch drei Stunden bis Ankara, und er war sehr müde und sehr erschöpft, ein kleiner, schmaler Greis mit zerfurchtem Gesicht, aber erst 45 Jahre alt. Ich fragte ihn, ob ihm das nicht zuviel würde, da antwortete er: „Was sollen wir tun, Schwester? Ich bin Rentner, und das Geld reicht nicht. Ich muss arbeiten, bis ich auf dem Stein liege oder wir verhungern. Dieses Land ist kein gutes Land. In diesem Land hat der Mensch keinen Wert."

In diesem Land hat der Mensch keinen Wert. Er sagte das ohne Ausdruck, er war ausgeblutet, ihm fehlte sogar die Kraft zur Trauer. Dazu hatte er keine Zeit, seine Kinder sollten unbedingt einen Schulabschluss machen, damit wenigstens sie später ins Ausland gehen könnten, sagte er.

Niemand verlässt sein Land wegen der Armut oder weil er hungert. Die Menschen flüchten aus ihren Dörfern und Häusern, verlassen Verwandte und ihre Sprache, um ihrer Würde willen. Nicht die Umstände demütigen sie. Es ist die Gleichgültigkeit des Staates gegenüber seinem Bürger, die Respektlosigkeit gegenüber den individuellen Rechten und Bedürfnissen, die die Menschen zur Flucht zwingt. Aber ein Staat hat seine Bürger zu beschützen, hat um deren Wohl und Glück zu streben und die Würde jedes Einzelnen zu bewahren.

Ich hoffe nicht, dass die Herren der türkischen Politik heute ihre Fehler zugeben und morgen weitermachen wie bisher. Und ich möchte alle Verantwortlichen der türkischen Politik, der Wirtschaft und der Kultur im Namen der Opfer, der Überlebenden und aller sechzig Millionen Menschen verschiedenster Ethnien und Religionen, die gern in diesem Land bleiben und leben wollen, bitten, endlich den Schritt aus dem autoritären Kemalismus zu wagen und mit der Demokratie in der Türkei zu beginnen: Die Würde des Menschen ist das oberste Ziel.

Anmerkung:

Durch das Erdbeben, das sich am 17. August 1999 im Landkreis Gölcük in der türkischen Provinz Kocaeli ereignete, starben in der Türkei unmittelbar sowie an den Folgen insgesamt 18.373 Menschen, 48.901 wurden verletzt. (Quelle: Wikipedia)

Ethnokultur – ein Sommernachtstraum …

Gibt es ein interkulturelles Zusammenleben?

Vortrag gehalten anlässlich der gleichnamigen Tagung am 15. Mai 1998

Vorab ein herzlicher, großer Dank an die Ministerin für Stadtentwicklung, Kultur und Sport des Landes Nordrhein-Westfalen, Frau Ilse Brusis, dass sie mich und mein Anliegen so ernst genommen hat und des Weiteren uns allen hier und heute ermöglicht, zusammen zu sein. Ein weiterer Dank geht an meine Gesprächspartnerinnen vom Ministerium, Frau Dr. Galsterer, Frau Huesmann und Frau Dr. Stoppa-Sehlbach für ihr Engagement und Herrn Sierau vom Institut für Landes- und Stadtentwicklung des Landes Nordrhein-Westfalen und schließlich Filiz Arslan für ihre Ausdauer bei der Organisation.

Ethnokultur – ein Sommernachtstraum … Gibt es ein interkulturelles Zusammenleben?

Ich möchte versuchen, diesen etwas plakativen Satz mit Sinn zu füllen, indem ich über die Begriffe, die einzelnen Worte in der Überschrift, zunächst einmal laut nachdenke. Denn Worte tragen wie Pelikane ihre Bedeutung versteckt mit sich herum und ernähren uns unbemerkt, entweder falsch oder richtig.

Ich möchte ein wenig klären – für mich, für uns alle –, worüber wir eigentlich reden und welchen Zubehörs es bedarf, welcher literarischen Accessoires und welcher Requisiten der Erkenntnis, den Sinngehalt zwischen den sieben Buchstaben des kleinen Wortes RESPEKT zu füllen.

Ethno- … entspringt aus dem griechischen ‚ethnos', was Volk bedeutet; Ethnologie ist vergleichende Völkerkunde oder Volkskunde. Ethnokultur bedeutet also Volks- oder Völkerkultur allgemein und ist nicht nur Türken, Kurden oder anderen sogenannten Ausländern vorbehalten. Jeder deutsche Mundart-Künstler etwa gehört auch zu diesem Kreis.

Über Kultur habe ich Folgendes im philosophischen Wörterbuch gefunden: Kultur kommt vom lateinischen colere – hegen und pflegen, bebauen, ausbilden, tätig verehren – und meint ursprünglich Bearbeitung und Pflege des Bodens, lat. agricultura. Übertragen bedeutet Kultur die Pflege, Verbesserung und Veredlung der leiblich-seelisch-geistigen Anlagen und Fähigkeiten des Menschen.

Im umfassenden Sinne ist Kultur also die Gesamtheit aller Lebensbekundungen, der Ausdruck von Leistungen und Werken eines Volkes oder einer Gruppe von Völkern. Sie ist der Inbegriff für jenen neuartigen Prozess auf Erden, dessen Einzelprodukte nur menschliche Schöpfungen sind und niemals von der Natur hervorgebracht worden wären.

Für unseren Alltag bedeutet das: Die Menschen müssen sich zu erkennen geben, wenn sie gesehen werden wollen, sie müssen reden, damit andere zuhören können. Und das müssen sie selbst tun, das passiert nicht einfach von Natur aus. Sie müssen den adäquaten Ausdruck ihrer leiblich-seelisch-geistigen Anlagen finden. Ohne Expression keine Impression.

Diese Tagung will auch eine Ermutigung zu dieser Expression sein, ein Aufruf zum Sich-Zeigen, zum Sich-Formulieren, auch eine Ermutigung zur Selbstdarstellung aller Unterschiede und Besonderheiten.

Schließlich noch: Ein Sommernachtstraum. Bei der Suche nach dem passenden Stichwort für diese Tagung fiel mir nicht ohne Grund das Shakespeare-Lustspiel *Ein Sommernachtstraum* ein.

Dazu eine kurze Charakterisierung: „In diesem Stück, dessen verschiedene Handlungen stofflich den verschiedensten Quellen entstammen, hat Shakespeare das höfische Lustspiel, das höfische Maskenspiel [...] und das derbe Volksspiel [...] wunderbar miteinander verschmolzen…"

Jedes Volk auf diesem Planeten ist – wie jedes Schulkind weiß – ein aus den verschiedensten Quellen entsprungenes neues Ganzes geworden und bildet sodann eine neue Quelle für seine nächsten Nachkommen, die wiederum anders sein werden als die vorherigen Generationen. So ist denn auch jeder einzelne Mensch in seiner individuellen Besonderheit ein besonderes Spiel, ein eigener Sommernachtstraum.

Was aber ist anders bei der Sichtweise auf Emigranten? Der Emigrant sollte gebären können – noch bevor er Verkehr hatte. Ihm wird abverlangt, übergangslos sich in den vorherrschenden Traum der Mehrheitsgesellschaft einzupassen. Sich zu integrieren, seine Besonderheiten abzulegen oder sie unsichtbar werden zu lassen. Er sollte möglichst sofort und gleich ein Tiefseetaucher in den hiesigen Quellen werden, sich seiner bisherigen Haut- und Haarfarbe unverzüglich entledigen und im fließenden Deutsch Goethe rezitierend zum Fahnenapell marschieren.

Damit das auch wirklich schnell passiert, versuchen einige so Geforderte gleich neue Brunnenschächte auszuheben, um beim Bild der Quelle zu bleiben. Häufig geht die krampfhafte Anpassung bis zur Selbstverleugnung und Aufgabe traditioneller Bindungen. Die meisten aber bauen Mauern um sich und igeln sich aus Furcht und Unsicherheit ein in die mitgebrachten Erinnerungen.

Somit ist die unendliche Geschichte der Emigration ein ewiger Schwimmversuch zwischen Herkunft und Zukunft, ein Paddeln ohne Gegenwart.

Nun zur Interpunktion. Die drei Punkte am Ende des Halbsatzes sind kein Signal für eine schon gefeierte Party, sondern ein Symbol für ein sich neu entwickelndes Model: verschiedene Handlungen verschiedenster Herkunft miteinander so in Beziehung zu setzen, dass sie sich gegenseitig inspirieren, berühren und voneinander lernen, voneinander wissen – zu Verbündeten werden.

Schließlich wäre da noch die Frage: Gibt es ein interkulturelles Zusammenleben? Eine absurde Frage, als gäbe es irgendwo eine exterritoriale Kulturgemeinschaft. Selbstverständlich gibt es ein interkulturelles Zusammenleben! Was denn sonst? Leben wir nicht alle untereinander, zwischen einander? Denn das lateinische ‚inter' heißt übersetzt: zwischen, unter. Ich habe aber das Unbehagen, würden wir tatsächlich miteinander leben, würde sich diese Frage niemals stellen. Ein Miteinander gibt es aber nur unter Gleichgestellten und Gleichgesinnten.

Selbst die Rheinländer und Westfalen leben friedlich miteinander, weil sie die gleichen Rechte haben. Die Preußen und die Bayern ebenso wie die Brandenburger und die Sachsen. Aber der aus Anatolien Eingewanderte gehört nicht dazu.

Gibt es also ein interkulturelles Zusammenleben? Welch eine Frage! Es scheint, als gäbe es eine Sonder-lebens-abteilung für die neuen Ankömmlinge in einer Art inter-kultureller Quarantäne. Gewissermaßen eine Intensivstation kulturloser Parias. Es klingt wie: Wer dazukommt, gehört nicht dazwischen.

Ich kenne viele dieser abgenutzten, hilflosen Worte, viele kopflose Beschlüsse zur Einwanderung und Abschiebung, vieles, was die unterschiedlichsten Interessengruppen zu unterschiedlichen Zwecken entweder multikulti oder interkulti genannt haben. Aber bei genauerer Betrachtung fallen fast alle Vorhaben in sich zusammen, weil sie leer sind, ohne Sinn und – was noch viel schlimmer ist – sogar an die Schmerzgrenze gehen, weil das Gemeinsame nicht wirklich ernst gemeint ist.

Ich will weder ein interkulturelles noch ein multikulturelles Zusammenleben. Ich will ein kultiviertes Zusammenleben! Ein wissendes Miteinander. Dazu gehört aber auch, dass der Dazugekommene von sich erzählt, sich zeigt, sich engagiert, eigene Angebote macht für eine neue Gemeinsamkeit. Und die Gleichgesinnten und Gleichgestellten sollten zuhören und ihre ethnische TÜV-Mentalität überprüfen und die juristischen Umleitungsschilder verschrotten.

Ich wünsche mir ein Zusammenleben in RESPEKT vor den Besonderheiten jedes einzelnen Menschen.

Ich will keinen Untereinander-Dialog, sondern ein Füreinander-Dasein – als Verbündete mit gleichem Recht und Ansehen.

RESPEKT voreinander als eine Alltagskultur: als eine selbstverständliche Regel, nicht als eine geschminkte Ausnahme.

Diese wunschhafte These RESPEKT voreinander statt Rückzug voneinander impliziert die Hoffnung auf einen neuen Sommernachtstraum im neuen Jahrtausend.

Ich will damit nicht sagen, dass es gar keinen RESPEKT voreinander gibt, auch nicht, dass alle auf dem Rückzug sind. Aber meine

Beobachtungen der letzten Jahre sind, dass sich in den Straßen, Büros, Schulen und Wohnungen ein konspiratives Klima breitmacht. Fast alle meine Gespräche mit den unterschiedlichsten Türkeistämmigen Menschen blenden sich allesamt melancholisch aus: ‚Ich werde hier bleiben, hier sterben, aber ich bin nicht gewollt.' Betin Günes, der Leiter der Kölner Philharmonie, sagte kürzlich in einer Gesprächsrunde: „Wenn es Arbeitslose gibt, gibt es ‚Ausländer'." So einfach ist das und doch so unbegreiflich.

Ich habe mich immer als Kosmopolitin gesehen, weil mir ‚Türkin' immer zu wenig war und ‚Deutsche' schien mir – und scheint mir bis zum heutigen Tag – zu eindimensional. Erst die deutschen Medien machten aus mir eine ‚Türkin', hackten mir 35 Jahre deutsches Leben ab, schrumpften mich auf sieben Jahre türkisches Kinderlächeln. Ich habe Shakespeare, Schiller, Brecht und Wedekind gespielt, aber ich wurde als ‚die türkische Schauspielerin' vorgestellt. Habe ich geschrieben, war ich die ‚türkische Autorin', obwohl meine Themen weder durch eine Nationalität codiert noch eingezäunt waren.

Vielleicht haben die drei Bücher, Dutzende Artikel, mehrere Dutzend Rollen noch nicht genug erzählt von meinem Traum. Ich will ihn noch einmal beschreiben:

Ich habe schon immer das Wort RESPEKT geliebt, weil es bis in die Seele des Menschen reicht und nicht wie Toleranz an der Außenhaut hängenbleibt.

RESPEKT ist die Fähigkeit, den anderen so zu sehen wie er ist und nicht wie er sein sollte.

RESPEKT bedeutet eine Ästhetik der Verantwortung, statt der restlos verblödeten Sündenbocktheorie.

RESPEKT bedeutet vor allem eins: vom anderen zu wissen!

Ich freue mich auf unsere gemeinsame Zeit und bin neugierig, was sie uns bringen wird und komme zum Schluss mit der Königin der Elfen aus dem Sommernachtstraum: Wirbelt mir mit zarter Kunst / Eine Note auf jedes Wort; / Hand in Hand, mit Feengunst, / Singt und segnet diesen Ort!

Vom Wissen und Nichtwissen

Ansprache gehalten anlässlich des fünften Jahrestags der ,Lichterkette' 1997

Abgrenzung, sich abgrenzen zu wollen oder zu müssen, hat immer Gründe. Andere Menschen nicht mehr ertragen zu können oder nicht mehr dulden zu wollen, hat immer den Grund in einer persönlichen Verzweiflung, in einer Angst ums Überleben. Es hat auch den Grund im Nicht-Wissen.

[...]

Wenn die Abgrenzung anfangs den, der anders aussieht, traf, den, der anders glaubt, richtet sich der Hass bald gegen den, der anders denkt, auch wenn es der eigene Bruder ist, und verschont auch nicht die eigenen Kinder. Sie sind die letzten in der Kette der anderen, für die nicht mal mehr der allerletzte Rest Verantwortungsgefühl, Fürsorge und Liebe empfunden wird.

So ist Rassismus immer zuerst eine ökonomische Abgrenzung, dann eine ethische und schließlich die Zerstörung des persönlichen Umfelds. Und das ist dann die Asche, aus der der Faschismus auf die Straßen kriecht.

[...]

Denn: Globalisierung vernichtet regionale und persönliche Besonderheiten.

In Respekt voreinander zu leben heißt, den anderen als mein anderes ICH zu sehen, pur in seiner anderen Besonderheit. Respekt voreinander bedeutet, das Verbindende zu suchen statt den Rückzug voreinander.

Respekt bedeutet eine Kultur der Verantwortung statt der restlos verblödeten Sündenbocktheorie.

Respekt bedeutet vor allem eins: vom anderen zu wissen.

Respekt will das Verbindende

Prolog zu Respekt – Sprichworte zwischen Geburt und Tod nach der Vorlage ‚Der Prophet‘ von Khalil Gibran *aufgeführt im März 1997 im E-Werk, Köln*

Kaum, dass ich vor vierzig Jahren im Diesseits sichtbar wurde, flüsterten mir Menschen Arabisches ins Ohr und erklärten mir, dass der Gott, der für mich zuständig ist, in Arabisch angesprochen wird. Und ich sagte Allahu ekber – Gott ist groß – wie: mein Name ist Renan. Und der arabische Gott gehörte zu mir wie meine Haarfarbe oder die Sonne über Ornis Haus.

Und in die Gotteshäuser wurde man täglich fünf Mal gerufen, und die waren rund, bauchig und hell, mit weichen bunten Teppichen. Von der Kuppel ragte eine dünne Halbmondsichel in den Himmel. Frauen und Männer saßen getrennt. Und da roch es nach Omi und Opi und den anderen, die ich kannte.

Der wichtigste Wesenszug vom Gott mit dem Halbmond war: Er beschützt mich immer, was immer ich auch tue, wo immer ich auch bin. Dann – ich war sieben – kamen wir hierher. Und hier wurde Deutsch gesprochen – überall, auch mit dem Gott, der für hier zuständig ist. Und die Kinder und die Erwachsenen trugen Kreuze am Hals und gingen nur sonntags in Häuser, die klingelten, die spitz waren und kantig und sogar wie große Kreuze in die Erde gemauert sind. Und sie rochen fremd. Männer und Frauen saßen nebeneinander. Und es war kalt. Und überall hingen Engel und überall brannten Kerzen.

Meine moslemisch glaubende Mutter sagte: „Hör ihnen gut zu. Gott ist Gott, egal unter welchem Dach.“ Und ich hörte zu.

Der wichtigste Wesenszug des gekreuzigten Gottes, so sagten seine Anhänger, sei: Er beschützt mich immer, was immer ich auch tue, wo immer ich auch bin.

Der auch?, dachte ich mir.

Dann lernte ich Menschen kennen, die einen Stern um den Hals trugen. Ihr Sonntag war am Samstag, und sie nannten ihn Shabbat. Und sie wurden weder gerufen noch herbeigeläutet. Ihre

Gotteshäuser waren eher wie größere Wohnzimmer oder kleinere Theater. Die Frauen und Männer saßen auch getrennt. Sie lasen aus dicken Büchern Jahrtausende alte, kluge Weisheiten.

Auch der Gott der Sterne hat einen ganz besonderen Wesenszug: Er beschützt mich, immer, was immer ich auch tue, wo immer ich auch bin.

Wie schön!, dachte ich mir, noch einer, und sammelte Sterne, Kreuze und Halbmonde.

Wieder etwas später lernte ich eine Religion kennen, die von Wiedergeburt erzählt, dass der Sterbliche so lange wiedergeboren wird, bis er die Vollendung erfährt – dann darf er ins Nirvana, in den Frieden. Hier bekommt der Sterbliche selbst die Chance, seine Fehler lernend wieder gutzumachen. Hier gibt es keinen einen Gott, hier gibt es mehrere Lehrer, die sagen „Unwissenheit ist das größte Hindernis der Menschheit" (Buddha).

Ich habe schon immer das Wort RESPEKT geliebt, weil es bis in die Seele des Menschen reicht. Und nicht wie Toleranz an der Außenhaut hängenbleibt. Im philosophischen Wörterbuch steht zu Toleranz: „Duldsamkeit gegen Andersdenkende". Aber eine Erklärung zu RESPEKT gibt es da nicht. Auch in der Sprache der Politik gibt es kein RESPEKT, wohl aber eine Inflation an ‚Toleranz'.

Dagegen wird man sofort fündig in den Schriften der Ethiker und Theosophen, weil sie von der Seele des Menschen sprechen, von seiner Würde. Und dort finden wir RESPEKT in einem Atemzug mit ‚Ehrfurcht' und ‚Demut' geschrieben.

Toleranz ist ein Vertragsangebot zum Waffenstillstand. RESPEKT ist ein Versprechen für den FRIEDEN. Toleranz besteht auf dem Trennenden.

RESPEKT sucht das VERBINDENDE.

Die Brücke im Januskopf

Beitrag zu der Anthologie Deutsche Türken – Das Ende der Geduld, hg. *von Claus Leggewie und Zafer Şenocak, 1993*

Der Grund der großen türkischen Wanderung war ein rein ökonomischer: Deutsche Unternehmer brauchten Arbeitskräfte und importierten Menschen. Junge, kräftige, gesunde Menschen. Sie sollten nur zwei Jahre bleiben, dann gegen neue, frische Ware ausgetauscht werden. Dieses Rotationsprinzip wurde aber nie angewandt, weil das ständige neue Anlernen der Arbeitskräfte zu viel Geld gekostet hätte.

Die so dageblieben Menschen traten lediglich als Zahlen in Kosten-Nutzen-Rechnungen auf. Sie sind bis heute ‚Zahlen' geblieben, insbesondere in den Köpfen der Politiker, aber auch im Bewusstsein großer Teile der Bevölkerung. Selbst der größte Teil der ersten türkischen Generation kann sich von dieser Betrachtungsweise nicht lösen. Ein ‚Kassenzettel', der sich im vorübergehend improvisierten Leben ein wenig Behaglichkeit wünscht. Sie sind auf Zehenspitzen durch die Jahre gegangen, als Gäste, die nicht auffallen wollten. Noch heute sind ihre Träume und Tränen aus ihren Wohnungen nicht hinauszuhören.

Auch dem türkischen Staat waren diese Ausgewanderten egal. Er hatte während der Anwerberjahre 640 Mark pro Kopf kassiert und war froh, so der Landflucht etwas Positives abgewonnen zu haben.

Die meisten Arbeiter kamen aus ländlichen Gebieten und zum Teil noch aus feudalen Abhängigkeitsverhältnissen. Pflichten über Pflichten ohne irgendwelche Rechtsansprüche. Zahlte der Aga den Lohn nicht, musste der Feldarbeiter hungern. Geld einfordern konnte er nicht. In den Städten wurden die Gewerkschaften kriminalisiert, so dass – aus Furcht – nur wenige eintraten. Behördenwillkür im Sozialwesen. Eine Bäuerin krümmt sich acht Jahre lang mit einem kindsfaustgroßen Nierenstein. Sie kriegt kein Bett. Ohne Begründung. Ihre Erklärung: „Ich bin eben ein Nichts." Nicht die Armut allein vertrieb und vertreibt noch weltweit die Menschen aus ihren Bindungen. Es ist das Leben ohne Würde.

In Deutschland angekommen, stellten sie fest, hier wird das Rechtssystem nicht nur gedruckt, sondern auch eingehalten. Soziale Rechte und Absicherungen, starke Gewerkschaften, die Einfluss haben, ein Gesundheitswesen, in dem jeder einzelne versichert ist und versorgt wird. Hier wurde die Würde des Menschen ernst genommen. Die meisten Türken sind nicht ausgewandert, aber sie sind geblieben, weil sie in der Fremde als Menschen behandelt wurden.

Da weder der Entschluss der ersten Einwanderungsgeneration wegzugehen ein wirklich freiwilliger, autonomer, war noch das Hierbleiben einer ist, hat sich ein Dazwischen-Leben in zwei Köpfen entwickelt. Der eine Kopf hat den Blick nach hinten gewandt, der andere den Blick nach vorn. Ein türkisches Sprichwort sagt: „Eine Sprache, ein Leben – zwei Sprachen, zwei Leben", weil mit jeder neuen Sprache die phantastische Welt der jeweiligen Kultur erschlossen werden kann. Aber diese zwei Köpfe sind nicht nur Bereicherung für die hiergebliebenen Arbeiter, sie sind auch Ursache von Verzweiflung. Der Januskopf entspringt zwar aus demselben Körper, hat aber zwei vom Wesen her sehr unterschiedliche Geister.

Der eine Blick haftet am Ursprung, an Tradition, Religion und Angehörigen. Diese Bindungen wurden über all die Jahre, mittlerweile über dreißig Jahre hinweg, nicht losgelassen. Sie sind zu sorgfältig gebundenen und geflochtenen Seilen geworden, als ob die mittlerweile alt gewordenen stillen ‚Gastarbeiter', insbesondere der ersten Generation, im Falle, sie verirrten sich, an ihnen entlang zurücksuchen wollten. Die Geschichte in der Türkei blieb Gegenwart und der Blick zurück eine Überlebensstrategie, denn die Situation hat sich nicht verbessert.

Der andere Blick, der nach vorne gerichtete, sucht Deutschland. Gleich ob es nur ein Tag, ein Monat oder der Rest des Lebens sein wird. Hier gehen die Kinder zur Schule, hier müssen noch Schulden abbezahlt werden, hier steht für Zigtausende demnächst die Rente an. Aber Leben, das heißt lebendige Mitgestaltung der Gesellschaft, sei es in kulturellen als auch politischen Prozessen, Selbstdarstellung und Entfaltung eigener Vorstellungen für das

Gemeinwesen, findet nicht statt, hat in den letzten dreißig Jahren bis auf folkloristische Veranstaltungen nicht stattgefunden. Dies beginnt sich allmählich hörbar und sichtbar durch die dritte Generation zu formulieren.

Die zweite Generation, in einer Art Enklave-Situation großgeworden, ist noch relativ stark an die erste gebunden und teilt ihre Zerrissenheit. Aber ihr Leben ist auf das hiesige konzentriert. Kaum eine hier gegründete Familie der zweiten Generation wird zurückgehen. Sie sind hier erwachsen geworden.

Wirklich tragisch ist die Zerrissenheit und Verzweiflung meiner Eltern-Generation. Sie weiß nicht, wo sie sterben soll. Sie ist hier immer noch in einer geduldeten Situation, immer noch der ‚Kassenzettel', mittlerweile vergilbt, unbrauchbar. Seelisch obdachlos.

Von diesen Menschen kann man keine Entweder-oder-Entscheidung verlangen. Diesen Menschen muss die doppelte Staatsbürgerschaft sofort angeboten werden. Wer damals in der Lage war, Anwerbebüros zu errichten, muss heute auch fähig sein, diese Menschen in Ruhe und Würde alt werden zu lassen. Das wäre eine seelische und politische Brücke zwischen den Köpfen, das wäre die Brücke im Januskopf, ein Dach über das Dazwischen-Leben.

Das Leben der ersten Generation wird hier enden, für viele schon bald. Sie fragen uns, was mit ihnen dann geschehen soll. Diese Frage lässt uns verstummen. Im Allgemeinen werden sie nicht auf andere Weise alt als deutsche Rentner, und genau wie diese werden sie hilfs- und pflegebedürftig sein. Auf Verwandte können sie nicht mehr zurückgreifen – die Sippe ist zerfallen. Ausreichende finanzielle Unterstützung durch die Kinder ist nur in Ausnahmen möglich; die wissen oft selber kaum, wie sie über die Runden kommen sollen. Also sind die alt gewordenen ‚Gastarbeiter' zum größten Teil auf staatliche Hilfe angewiesen, auf die staatliche Altenpolitik der Bundesrepublik.

Steckt unsere Eltern aber um Gottes willen nicht einfach in die Altenheime, die für die deutschen Alten errichtet worden sind. Nicht, dass Türken etwas Besseres sein wollten. Dieser Wunsch hat mit der Religion zu tun, also mit anderen Essensgewohnheiten und mit Feiertagen, die vom deutschen Kalender abweichen. Es muss auch in Deutschland Orte für Menschen geben, an denen Muslime mit ihren gewohnten Ritualen alt werden können. Für sie muss ein besonders geschultes und geeignetes Pflegepersonal bereitstehen. Darauf ist der deutsche Staat in keiner Weise eingestellt. Kein deutscher Politiker ist sich dieser Aufgabe bewusst, kaum einer hat überhaupt je darüber nachgedacht, was eigentlich mit den alten Einwanderern passieren soll, die frühere Generationen von Politikern ins Land gerufen haben.

Jetzt blicken unsere Eltern auf uns, ihre Kinder, denen es in der ‚Fremde' besser ergangen ist. Doch wir sind überfordert. Zurzeit wird versucht, diese Fragen und Sorgen privat zu regeln. Das stößt nicht nur an finanzielle Grenzen. Es gibt kaum so große Wohnungen, in denen zwei Familien miteinander leben könnten, die bezahlbar wären. Zudem hat sich durch Bildungsniveau und Lebenseinstellung zwischen den Generationen eine Distanz entwickelt.

Die Alten erwarten, dass ihnen jemand einen Ort schafft, an dem sie gepflegt und versorgt werden und einen würdigen Lebensabend verbringen können, in der Nähe ihrer Kinder. Solange es keine staatlichen Angebote gibt, bleibt die Betreuung unserer Eltern Eigeninitiative. Nach dreißig Jahren verfehlter und zusammengestückelter ‚Ausländerpolitik' muss Deutschland wenigstens den alt gewordenen Einwanderern ein sicheres Abschiednehmen vom Leben in der Fremde ermöglichen: Sie haben das Recht, in Ruhe davongehen zu können. Auf der Stelle müsste mit Modellprojekten begonnen werden. Der für die Türken zuständige Wohlfahrtsverband, die Arbeiterwohlfahrt (AWO), ist damit völlig überfordert. Während diese immense Aufgabe auf die AWO zukommt, ist sie allenthalben zum Sparen gezwungen und muss Personal abbauen.

Auch wenn jetzt die meisten Deutsch-Türken in Deutschland alt werden, wird sich die überwiegende Zahl in der Türkei begraben lassen, im Dorf, aus dem sie stammen. Deutschland ist beileibe keine Ersatzheimat geworden. Die alten Menschen haben schlichtweg Angst. Seit den Anschlägen von Mölln, Solingen und anderswo horchen sie nachts auf Schritte im Kies. Sie verfluchen die alten, freistehenden Häuser, die sie für viel Geld gekauft und hergerichtet haben. Dort fühlen sie sich wie in einer Falle. Sie haben viel Geld in dieses ‚Lebenswerk' gesteckt, und sie können jetzt nicht einfach ausziehen und weiterwandern. Der Kauf oder der Neubau eines Hauses sollte zumindest vorläufig ein Ende ihrer Reise sein – und nun diese gewaltige Verunsicherung.

Für uns und unsere Kinder hat sich die Emigration der Eltern und Großeltern durchweg gelohnt. Dabei haben wir von klein auf mitangesehen, wie sich die Eltern zerrissen und ausgelaugt haben. Das ganze Drama der Emigration fand auf unseren wenigen Quadratmetern statt. Wir empfinden ihnen gegenüber eine Mischung aus unendlicher Dankbarkeit, schlechtem Gewissen und einer starken Verpflichtung – weit mehr als gleichaltrige Deutsche. Aber oft genug sind wir überfordert.

Deshalb müssen wir, auch in ihrem Namen, politische Forderungen stellen. Unsere Eltern haben alles treiben und auf sich zukommen lassen, schicksalsergeben. Die Trauer in den Gesichtern unserer Eltern macht uns klar: Die Stille muss aufhören. Wir wollen Gespräche. Aufklärung. Ein politisches Klima, das Einwanderer als gleichberechtigt respektiert. Gesetze, die die Gleichstellung unwiderruflich festlegen, damit künftig nie wieder Zweifel aufkommen mögen: Deutschland ist und bleibt ein demokratisches Land.

Nach den Brandanschlägen von Mölln und Solingen

Begrüßung zum Künstler-Politiker-Treffen im Amtshaus
der Bundestagspräsidentin am 22. Juni 1993

Ich bin sehr glücklich darüber, dass die anwesenden Kolleginnen und Kollegen es geschafft haben, heute hier zu sein. Weil ich weiß, wie sehr sich jede und jeder einzelne bemüht hat, es möglich zu machen, möchte ich mich ganz herzlich bei Ihnen bedanken. Mein Dank geht auch an die Vizepräsidentin des Deutschen Bundestags, Renate Schmidt, die dieses Treffen mit Nachdruck zu ermöglichen versucht hat, sowie an die Politikerinnen und Politiker, die sich zu diesem Gespräch bereit erklärt haben.

Die Dringlichkeit zu eindeutigem, konsequentem politischen Handeln und somit die unmissverständliche Verurteilung und Ächtung der neu erstarkten rassistischen und nationalistischen Bewegung, drängt uns alle zum Gespräch.

Jede Verharmlosung, es seien ,Verirrte', die da Rostock anzündeten, ,betrunkene Kriminelle', die den Afrikaner Amadeu Antonio Kiowa auf offener Straße zu Tode traten, ,spontane, unorganisierte Fehltritte' sozialer Randgruppen, die in Mölln drei Menschen und in Solingen fünf Menschen aus dem Leben brannten, heißt den Ideen, der Ideologie des Nationalismus Vorschub zu leisten, heißt sie zu bestätigen, heißt sie zu bestärken.

Gerade gestern Abend war wieder in dem Polit-Magazin *Akut* des Senders *SAT1* zu sehen, die unbelehrbaren braunen Trommler sind europaweit vernetzt, in Programm und Logistik.

Der Friedensnobelpreisträger Elie Wiesel schrieb in einem ziemlich gedrückten Artikel in der Zeit nach Mölln, folgenden Satz: „Trotz allem vertraue ich auf transzendente Begegnungen, auf Gespräche aller gesellschaftlichen Gruppierungen miteinander, Künstler, Wissenschaftler, Schriftsteller, Gewerkschaften, Politiker."

Die Gespräche untereinander beginnen bei uns Schauspielern morgens in der Maske, gehen weiter in jeder Drehpause und hören nach der Vorstellung nicht auf. Ich kann Ihnen aus nahezu jeder Stadt in Deutschland, wo ich mit Kolleginnen und Kollegen zusammengetroffen bin, berichten, wir sind alle zutiefst beunruhigt, besorgt, verzweifelt und wütend über die hoffähig gewordenen nationalen Verharmlosungen. Wir sind hier stellvertretend und als Sprachrohr vieler unserer Kolleginnen und Kollegen, die heute nicht hier sein können. Alle Angesprochenen haben es bedauert; hier nur einige stellvertretend, die Verpflichtungen haben: Hannelore Hoger, Karl-Heinz Böhm, Günter Lamprecht, Heiner Lauterbach, Rainer Hunold, Klausjürgen Wussow, August Zirner, Dieter Pfaff, Peter Bongartz, Doris Dörrie und Hannelore Elsner.

Nun zum Thema.

Sie sollten wissen, dass ich mich nicht als besonders befähigt fühle, an der verfehlten Ausländerpolitik Kritik zu üben, weil ich in der Türkei geboren wurde. Ganz im Gegenteil, ich bin nicht die ‚Türkin vom Dienst‘ und jede Form der Wichtigtuerei in diesem Zusammenhang ist mir zuwider.

Ich bin hier, weil ich, wie Sie alle, seit den siebziger Jahren beobachte, wie sich wirtschaftliche Rezession – gemachte, tatsächliche oder herbeigeredete – auf den Umgang mit ethnischen Minderheiten und Randgruppen auswirkt, aber anders als Sie, durch die Farbe meines Passes, zu dieser Minderheit gehöre. Ich wurde zur Türkin in den Augen anderer, in meinen eigenen war ich ‚nur‘ Mensch.

Ich bin in diese Auseinandersetzung hineingewachsen, auf der Suche nach einer eigenen Definition. Ich habe gelernt, wie ein Physiker, der die Kernspaltung zu begreifen versucht, was es heißt, mit einem Janus-Kopf zu leben. Kein Physiker würde als ‚Physiker vom Dienst‘ geschimpft, wenn er vor der alles vernichtenden Gefahr von Atomwaffen und Atomreaktoren warnt. Der Zusammenhang mag auf den ersten Blick nicht recht verständlich sein, aber die Metapher ist dennoch berechtigt. Die beiden nach rechts und nach links gedrehten Köpfe, der Blick zurück, der Blick nach vorn, zerstören auf Dauer in ihrer Isoliertheit Gefühle,

Gefühle von Zugehörigkeit und Sicherheit, Gefühle von Sich-ver-pflichtet-fühlen einerseits und sich nach Rechten, nach Respekt, sehnen andererseits.

Ich möchte die Brücke im Janus-Kopf.

Selbst wenn sie von außen eingefügt wird, ermöglicht sie das Wandern der zwei Seelen in einem Kreislauf. Das Treffen der Sehnsüchte bei klarer Sicht, ohne gesetzliche Vernebelung, das Flanieren der Gedanken zu neuen Lebensmöglichkeiten, auf der Brücke gemeinsamer Verantwortungen und Rechte.

Wir sind hier, um den nunmehr von allen Parteien geäußerten Forderungen nach einem Rechtsanspruch auf Einbürgerung – explizit: nach der doppelten Staatsbürgerschaft – Nachdruck zu verleihen. Wir sind hier, die Regierung aufzufordern, die hier zu Einwanderern gewordenen ‚Gastarbeiter' als Bürger dieses Landes gleichzustellen und somit unter die einer Apartheitspolitik ähnelnden Entwicklung einen Schlussstrich zu ziehen.

Wir Künstler kennen keine Grenzen, kein Abschotten, kein Sich-Zurückziehen. Das wäre künstlerischer Selbstmord. Die Neugier, sich öffnen, Fragen stellen, verstehen wollen – das ist der Puls-schlag unserer Kreativität, unseres Lebens. Den braunen Tromm-lern sind auch wir eine Bedrohung. Vor fünfzig Jahren haben sie nahezu alle entweder vertrieben, ermordet oder in den Tod gejagt. Wir kennen die Sprache, die Kultur und die Geschichte dieses Landes besser als die sogenannten Patrioten.

Abschließen möchte ich mit einem deutschen Dichter, Schrift-steller, Künstler, der ebenfalls in den Tod getrieben worden ist, Kurt Tucholsky:

Ich pfeife auf Patriotismus, ich denke international. Ich liebe dieses Land, seine Menschen, Seen und Berge. Und weil ich es liebe, kritisiere ich es.

Es ist mein Land.

Sie kommt von der Frankfurter Buchmesse, gestraft. Diese letzte Lesung muß sie noch hinter sich bringen. Nein, diskutieren will sie nicht mit ihren Zuhörern in der Freiburger Buchhandlung Rombach. Sie liest ein Viertel ihres Romans, signiert noch einen knappen Meter Bücher – und ist dann sichtlich unerfreut, sich nochmal mit jemandem von der Presse herumschlagen zu müssen. "Bringen wir's hinter uns", sagt sie kurz darauf in der Kneipe und wirft ein Stückchen Süßstoff in den Schwarztee mit Zitrone. "Nee, nee, bloß keinen Wein. Alkohol macht mich ganz gaga."

"Schwarzer Tee mit drei Stück Zucker" heißt Renan Demirkans erstes Buch (erschienen im Verlag Kiepenheuer & Witsch, 143 Seiten, 26 Mark). Erinnerungen und Reflexionen einer jungen Türkin, die im Kreißsaal einer Kölner Klinik auf die Entbindung wartet, Kaiserschnitt. Wie diese namenlose Frau lebt auch die Autorin, geboren in Ankara, seit ihrem siebten Lebensjahr in Deutschland, hat einen Vater, der schon in der Türkei "Schopenhauer las und Kant, und zwar auf deutsch" wie diese ist sie Schauspielerin von Beruf: Ihr Diplom hat Renan Demirkan in Hannover gemacht, ist auf etlichen Bühnen zwischen Nürnberg und Hamburg daheim – und zum Star geworden durch ihre Filme, als Partnerin von Edel-Prolo Götz George in "Zahn um Zahn", als mutige Journalistin Azade in der Serie "Reporter", und und und. Adolf-Grimme-Preis, Goldene Kamera.

In diesem Frühjahr dann das Buch, das gleich in die Bestsellerlisten kam, in der sie spricht mit so viel Lust, an Einladungen zu Lesungen überall, die eben abgeschlossene Tour war bereits die zweite (und da sind noch 200 Anfragen") – und zu Talkshows. "Weil ich schnell bin im Hirn, das kann man brauchen im Fernsehen." Schnell ist sie, zweifellos, und telegen obendrein, nicht nur wegen ihrer sprühenden dunklen Augen, nicht nur wegen dieser Altstimme: Renan Demirkan ist ungeheuer da, wenn sie lacht, wenn sie spricht, mit dem ganzen Körper.

Als müsse sie ihre Worte übersetzen in eine Sprache für Taubstumme, macht der Zeigefinger eine Kreisbewegung nach rückwärts, wenn's um gestern geht, drehst sich nach vorn, piekst auch schon mal das Gegenüber an "Die Hand formt und zeigt, spielt ihr

"Ich bin dankbar, daß ich zwei Kulturen in mir trage, die Bilder habe von dort und von hier..."

Die Bilder, die sie aus der Türkei mitgebracht hat, machen ihren Roman farbig. "Die gelbe Luft, ein Gemisch aus Sonne und Staub, die die anatolische Landschaft verschleierte und durstig machte auf den einzigartigen schwarzen Tee, der mit drei Stück Zucker serviert wurde." Und auch diese: der Blick des Kindes auf Deutschland, wo man Schmelzkäseeckchen ißt zum Abendbrot und Sonntagnachmittags Kaffeerunden veranstaltet, wo die Mutter fremd bleibt und sich dabei der

»Vorzeigetürkin? Nein!«

Renan Demirkan in Freiburg: Eine Lesung, ein Gespräch

szenisches Spiel bei der Lesung, begleitet immer wieder ins Lachen – und ballt sich zur Faust im Gespräch, wenn diese Frage kommt, die hundertmal gestellte, hunderttmal verfluchte: Ob sie's denn, wie sie's denn verhindern wolle, vermarktet zu werden als Vorzeigetürkin...

Natürlich weiß sie, daß sie hier als Alibi benutzt wird und daheim vergöttert als "Identifikationsfigur. Ein Denkmal hätten sie ihr bauen wollen in Anatolien – sie kichert: "vollkommen verrückt –", vor die Kameras wollten sie sie zerren in Deutschland, als "die Ausländerin", "die andere Seite". "Aber sie sei eben – stetle Zornesglut –, "Verstehen Sie das immer noch nicht?" – Türkin bloß zufällig, via Abstammung, via Paß. Und das Deutsch, in der sie spricht mit so viel Lust, an Dialekten, an Explosivlauten, die sie zelebriert bei der Lesung – die machte sie noch lange nicht zur Deutschen.

Türkei entfremdet.

"Versuch über Heimat' hätte mein Buch ebensogut heißen können", sagt die Autorin. "Heimat kann auch der Ort sein, den man erst finden muß", sagt der Vater im Roman. Und Heimat hat für Renan Demirkan nichts mit Nationalitäten zu tun – gleich dreimal, damit's nicht untergeht, der Satz: "Fahnen bedeuten mir nichts." Aber sie hat nun mal in einer Zeit, in der alterorts wieder die Fahnen gehißt werden, in der Türken in Deutschland erzählt. Ein Buch, in dem genaue Beobachtung neben rührend schlichter Vision steht. "Dann werden wir mit dem christlichen Tatendrang aufwachsen, in liebevoller, moslemisch gelassener Art die klugen jüdischen Weisheiten und abends in der Hoffnung auf Wiedergeburt in Buddhas Schoß einschlafen. So etwas provoziert eben zum Nachhaken – da mag ihr Credo "Ich

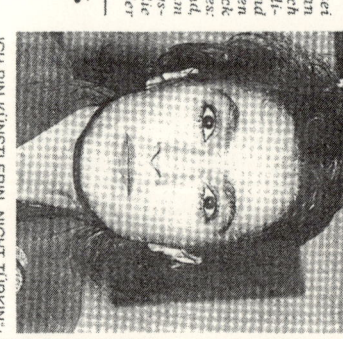

"ICH BIN KÜNSTLERIN, NICHT TÜRKIN": Renan Demirkan bei ihrer Freiburger Lesung.

Bild: Brigitte Sasse

bin Künstlerin, nicht Türkin" einfach nicht so ganz befriedigen, auch wenn sie's mit solcher Emphase vorträgt...

Aber jetzt ist Schluß mit der Fragerei, die flache Hand schlägt auf den Tisch, die letzte Lesung ist vorbei, morgen geht's zurück in die Südsteiermark, wo sie mit Mann und Tochter lebt, in einem Ökودorf, seit sie wegen der heute fünfjährigen Ayşe die Haare ausfielen, Pseudo-Krupp. Nichtstun, die "Lange Weile" will ihre Wonnen genießen. Danach ins Studio, die erste Schallplatte aufnehmen.

Und dabei bloß nicht an die Schlagerzeiten denken: "Das Multi-Media-Talent – Bühnen- und Filmschauspielerin, Buchautorin, jetzt auch Sängerin: Renan Demirkan, 35, Türkin."

GABRIELE SCHODER

Speckpfannkuchen und heißer schwarzer Tee

Auszüge aus Schwarzer Tee mit drei Stück Zucker, *1991*

»Ich hab' für uns mehrere Götter ausgewählt.« Sie streichelt den Bauch. »Ich glaube nicht, dass nur einer allein die Menschen zur Vernunft bringen kann. Ich bin überzeugt, dass die vielen sich irgendwann zusammensetzen und die Friedenspfeife rauchen werden. Dann wird jeder von ihnen den alleinigen Anspruch auf die einzige Wahrheit aufgeben, und man wird aus jeder Religion das Schönste für uns aussuchen. Sicher werden sie bei der Suche sehr viel Tabak brauchen und viele Pfeifen heiß rauchen. Aber du wirst sehen, sie werden sich einigen, und das Ergebnis wird ein wunderbarer, würdiger Götterbund sein, eine neue Religion mit mehr Rechten und weniger Pflichten als die vorherigen. Dann werden wir mit dem christlichen Tatendrang aufwachen, in liebevoller, moslemisch gelassener Art die klugen jüdischen Weisheiten leben und abends mit der Hoffnung auf Wiedergeburt in Buddhas Schoß einschlafen. Was meinst du, mein Engel, was das für schöne Träume gibt.«

[...]

»Hör zu: Wir holen das Berglein aus dem Dorf meiner Großeltern und stellen es an den Rhein, so dass die Seite mit der Mulde zum Dom liegt. Dann basteln wir einen maisgelben Baldachin mit Sternen und machen deinen Platz daraus. Mit bunten Kelims aus der Türkei, weichen Federkissen aus Österreich und kuscheligen Plüschtieren aus Deutschland bauen wir das schönste Himmelbett auf Erden. Den Maulbeerbaum, unter dem meine Mutter und ihre Schwestern so gerne gesessen haben, pflanzen wir in die Mitte des Bergleins. An die Längsseiten kommt ein Dutzend Haselnusssträucher. Aus dem Hochsitz meines lustigen Onkels machen wir unser Wohnzimmer. Es wird zwar ein bisschen eng, aber nicht kalt, denn wir holen die heiße Mittagssonne von den

JUNGE TÜRKIN ZWISCHEN BOSPORUS UND RHEIN

■ Eine junge türkische Frau liegt im Kreißsaal eines deutschen Krankenhauses und wartet auf die Geburt ihres ersten Kindes. Sie selbst ist noch in der Türkei geboren, kam als Kind mit ihren Eltern nach Deutschland. In den Stunden vor der Entbindung erinnert sie sich an ihr Leben in der Türkei. „Schwarzer Tee und drei Stück Zucker" ist ein sensibler Roman über die Zerrissenheit, mit der türkische Töchter in westlichen Kulturen fertig werden müssen. Die, die es geschrieben hat, berichtet damit auch über sich selbst: Die erfolgreiche Schauspielerin Renan Demirkan lebt heute in Köln (Kiepenheuer und Witsch, 130 Seiten, 28 DM).

staubigen Straßen Anatoliens weg und hängen sie über die Kölner Altstadt. Was meinst du, wie die dann glänzt. Übrigens, der Rhein muss saubergemacht werden, damit wir Fische grillen können, mit einer Prise Salz und zwei bis drei Tropfen Zitrone wird das ein wunderbares Mittagessen, wie aus dem Schwarzen Meer. Zum Nachtisch gibt es weiße Maulbeeren. Abends holen wir Speckpfannkuchen und schlürfen heißen, schwarzen Tee dazu. An den Wochenenden laden wir die ganze Verwandtschaft ein, die knackende und die träumende Tante, den starken und den schwachen Onkel, Oma, Opa, Vater, Mutter und Schwester. Mein kurdischer Freund wird Saz spielen und der Freund vom Schwarzen Meer wird singen: ›Weh mir, ich weine‹. Wenn wir alle zusammen singen, ist es kein trauriges Lied. Anschließend paddeln wir alle gemeinsam zum Museum hinüber und sehen uns die Andy-Warhol-Ausstellung an.

Wenn dir das nicht gefällt, drehen wir alles um: tragen den Rhein, den Dom, die Altstadt, das Museum und die Speckpfannkuchen ins Dorf meiner Großeltern und lesen dort auf dem Berglein an den Wochenenden Gedichte von Goethe und Heine. Wir laden den Plattenfan mit seiner rosa Frau, die Eier-Tatta und die Tante aus dem ersten Stock mit den PVC-Schneidebrettchen ein. Aber wo auch immer, nachts muss es ganz dunkel sein, damit du den schwarzen Himmel meiner Großeltern sehen kannst, die blasse Schönheit des Mondes mit seinem Hofstaat aus Millionen weißer Sterne.«

leben einzeln und frei
wie ein baum
und brüderlich
wie ein wald
das ist unsere sehnsucht

n.hikmet

worte...

geschichten und lieder

mit: renan demirkan

yaşar ateş (saz)
ozan (saz)
michael peters (percussion)
ulrich rikus (cello)
juliane thöne (bratsche)
frank wunsch (klavier)

am 15.4. + 6.5.84

Städtisch. Bühnen Dortmund
Kleines Haus
Beginn: 20¹¹ Uhr

Worte . . .

Geschichten und Lieder

Renan Demirkan, Schauspielerin bei den Städtischen Bühnen Dortmund, bereitet z. Z. ihr zweites eigenes Programm vor. Aus diesem Anlaß führte Kurt Reginbogin das folgende Gespräch.

Reginbogin: Du machst jetzt Dein zweites Programm an den Städtischen Bühnen Dortmund. Kannst Du uns etwas über die unterschiedlichen Inhalte und Strukturen der Programme sagen?

Demirkan: Ja, der Unterschied zwischen dem ersten und dem jetzigen Programm ist im wesentlichen der, daß dieses zweite Programm wesentlich konzentrierter ist und geraffter. Während ich im ersten Programm versucht habe, alles, was ich denke und kritisiere, unterzubringen, ausschließlich mit Gedichten von Nazim Hikmet und Protestliedern, so ist dieses Programm konzentrierter auf der Problematik des Andersseins der Ausländer und ihrer Sprachlosigkeit aufgebaut, der eine Sprachlosigkeit von der ‚einheimischen' Seite gegenübersteht. Diesmal mit Gedichten von Nazim Hikmet und Brecht. In mein erstes Programm habe ich versucht, alles reinzupacken, eine ganze Palette von Themen: angefangen von der zweiten Generation der Ausländer, zurück zur ersten, die Konflikte, die jetzt bestehen, dann Themen wie Krieg und Frieden, Europa, die Welt usw. Ich habe gedacht, ich habe so viel zu sagen, irgendwie muß ich das loswerden. Die Leute fanden das zwar alles sehr gut, weil die Texte einfach wunderbar waren, aber für meine Intention, den Leuten etwas über die Konflikte zwischen ‚Einheimischen' und ‚Fremden' zu vermitteln, war es nicht prägnant genug. Das ist der Unterschied.

Reginbogin: Kannst Du das, was Du über die zwei Sprachlosigkeiten gesagt hast, noch ein bißchen konkretisieren?

Demirkan: Die Sprachlosigkeit bei meinen Landsleuten ist darin begründet, daß sie der Sprache nicht mächtig sind. Das heißt nicht, daß sie sich nicht äußern können, weil sie keine Probleme haben, sondern daß sie sich in der Sprache, die hier notwendig wäre, um sich zu verständigen, nicht verständigen können.

Reginbogin: Also sozusagen eine materielle Sprachlosigkeit.

Demirkan: Ja, sie haben etwas zu sagen, aber es bleibt in ihren eigenen Wänden.

Reginbogin: Ideel haben sie etwas zu sagen.

Renan Demirkan: Ja, ideell hätten sie etwas zu sagen, es bleibt aber bei denen, die es eh schon wissen, so daß sich eine Resignation breitmacht unter den Leuten und ein Rückzug. Unter den Deutschen herrscht eine Sprachlosigkeit, die, wenn man so will, aus der deutschen Geschichte tradiert ist, weil es hier keine massive Opposition gegeben hat wie in Italien, Spanien, Frankreich, Ländern, in denen sich immer eine Opposition gebildet hat, die das tägliche Geschehen beeinflussen konnte. Diesen politisch begründeten Widerstand gibt es hier nicht. In letzter Zeit formiert sich etwas, was unter dem Namen Opposition ernstgenommen werden könnte. Diese Opposition zeichnet sich durch eine Form des persönlichen Protestes aus. Es ist eine Opposition, die sich darin erschöpft, auf die Straße zu gehen, gegen AKWs, Raketen etc. zu protestieren, und trotzdem wird alles gemacht, wogegen protestiert wird. Dies führt zu einer weiteren Sprachlosigkeit, einer Ohnmacht, einer Resignation. Diese beiden Formen der Sprachlosigkeit und der Ohnmacht, die der Fremden und der Einheimischen, haben zwar politische Ursachen, das bleiben aber politisch folgenlos.

Reginbogin: Wie stellst Du Dir vor, daß sich politische Folgen aus dem ergeben können, was Du literarisch musikalisch mit Deinem Programm veranstaltest?

Demirkan: Eigentlich ist das ein Programm, das die Sprachlosigkeit thematisieren soll und kritisieren soll. Das letzte Lied in dem Programm ist ein eigener Text. Er soll unsere Feigheit zur Sprache bringen, auch die Angst, sich öffentlich Fragen zu stellen: „Frag' den Chef, den Vorgesetzten, warum läßt er dich von Chips ersetzen? Frag' den Staat, den Krupp, den Flick, warum rüsten sie zum Overkill? Frag' dich selbst, für wen du lebst, warum du schweigst und nicht kämpfst. Frag' den Spiegel an der Wand, wer ist der Feigste im ganzen Land?"

Reginbogin: Du fängst also mit Deinem Programm, wenn man so will, ganz unten an, um Dinge bewußt zu machen, um sie erst einmal ‚sprachvoll' zu machen, um eine Art politischer Bewußtwerdung herbeizuführen.

Demirkan: Es passiert sehr viel in den Köpfen in letzter Zeit. Aber man rennt trotzdem gegen Windmühlen an. Es bleibt Resignation, und das muß sich ändern.

Reginbogin: Es geht also um geistige Aktivität, um das politische Aktivwerden.

Demirkan: Meine politische Überzeugung ist, daß man Veränderungen nur herbeischaffen kann mit der friedlichsten, der humansten Waffe, die existiert, mit dem Wort. D. h. nur durch die Bewußtwerdung ist eine fundamentale Veränderung überhaupt möglich. Nicht durch einen gewalttätigen Umsturz. Es ist ein Protestabend, allerdings nicht auf der Straße, sondern mit den Mitteln der Literatur, mit Protestliedern, mit Gedichten gegen Ungerechtigkeit und Unterdrückung, wo Fragen gestellt werden, wo mit dieser Waffe, die eine geistige ist, eventuell geistige Veränderungen geschaffen werden, die die Voraussetzung für eine gesellschaftliche Veränderung sind.

Großartige Renan Demirkan gab einen Abend mit Texten und Musik

Politische Revue zu Problemen von Minderheiten

Von Dieter Rosenkranz

Dortmund. Not macht erfinderisch. Wenn auch die Theater nicht gerade Not leiden, so ist doch Phantasie gefragt, wenn das Geld knapper wird. Bei Dortmunder Schauspiel gibt es neben den großen Schauspielproduktionen immer wieder Abende, die von einem oder mehreren Ensemblemitgliedern gestaltet werden. „Worte" nannte die Schauspielerin Renan Demirkan ihren Abend mit Texten und Musik. Sie wählte die Form einer politischen Revue mit einer Mischung aus Liedern, Gedichten, fremden und eigenen Texten, um auf die Situation ihrer Landsleute in der Bundesrepublik aufmerksam zu machen. Renan Demirkan ist Türkin. Sie selbst hat oft genug erlebt, wie man Ausländern hier begegnet, was Ausländer hier empfinden. Doch sie stellte nicht sich selbst in den Mittelpunkt, sondern einen deutschen und einen türkischen Dichter: Bertolt Brecht und Nazim Hikmet, von dem diese Worte stammen: „Leben einzeln und frei wie ein Baum und brüderlich wie ein Wald – das ist unsere Sehnsucht."

Die Sehnsucht nach einem besseren Leben, der rote Faden des Programms, das auch die Sprachlosigkeit, die Ohnmacht und Resignation der Ausländer, und nicht nur der Ausländer, sondern aller Minderheiten in Worte und Lieder kleidete. Und zwischen ihre türkischen Liedern, die sie mit warmer, tiefer Stimme sang, streute sie Informationen über Armut und Gewalt.

Begleitet wurde sie von einer Band aus Musikern der Musikhochschule, der Jazzszene und zwei türkischen Saz-Spielern. Auch die Musiker hatten in dem Programm Sprechrollen übernommen, meist als Übersetzer der Liedertexte.

Die Arangements der Lieder waren, eine geschickte Mischung aus türkischer Folklore und Elementen der Jazz und Unterhaltungsmusik.

Renan Demirkan hatte das Publikum, das das Kleine Haus gut füllte, schnell in ihren Bann gezogen, denn ihr Engagement. Betroffenheit und Aufbegehren brachte sie mit großem Ernst geprägter Überzeugung über die Bühne. Sie vergaß nicht, daß auch die Heiterkeit zum Engagement gehört. Und ihr Mut, unbequem zu sein, sollte auch den Zuhörern Mut machen und machte auch wohl, denn zum Schluß wurde die zierliche Frau und die Musiker mit einem begeisterten Beifallssturm überschüttet.

... aber es kamen Menschen –

Lieder und Gedichte aus der Türkei

Tonbandcollage aus Pressetexten, gesprochen von Schauspielern, O-Tönen des Bayerischen Rundfunks von Straßenpassanten sowie Debattenbeiträgen von Abgeordneten des Deutschen Bundestags in Bonn als Prolog zum Stück, uraufgeführt in Nürnberg am 27. Februar 1982

Renan Demirkan, Gedicht: Aber es kamen Menschen
> Es warten Tausende,
> Arme,
> voll hoffender Ungeduld,
> ihren einzigen Besitz,
> sich,
> des Überlebens willen,
> dem Joch der Erniedrigung
> zu unterwerfen.
> Aber,
> wenn man sie quält,
> bluten sie auch.

Schauspieler-Chor
> Integration, Integration, Integration ...

Schauspielerin, Pressetext
> 4,63 Millionen Ausländer, davon 1,4 Millionen Türken, davon 11,2 Prozent arbeitslos. Von den knapp 15 Millionen Kindern unter 18 Jahren, die in der BRD leben, haben 1,4 Millionen ausländische Eltern.

O-Ton, türkischer Jugendlicher
> Ich will nicht zurück, aber mein Vater, meine Mutter, wollen zurückkehren.

Schauspieler, Pressetext

Der große Wert der Ausländerbeschäftigung liegt darin, dass wir hiermit über ein mobiles Arbeitskräftepotenzial verfügen. Es wäre gefährlich, diese Mobilität durch eine Ansiedlungspolitik größeren Stils einzuschränken.

Helmut Schmidt

Ich appelliere an Jedermann in unserem Staat, an alle Bürgerinnen und Bürger, an Ihre Vernunft: Das, was wir heute ins Werk setzen, das ist sachgerecht und zweckmäßig, es ist zielstrebig und aussichtsreich.

Schauspieler, Pressetext

Zum Ausländerproblem betonte der SPD-Abgeordnete Thomas Scheuer, das Ausländerproblem sei ein Türkenproblem, dies müsse deutlicher als bisher ausgesprochen werden.

O-Töne, mehrere Deutsche

Wir brauchen die Gastarbeiter nach wie vor, das ist meine Ansicht. Wir können nicht einfach sagen: Alle raus. Wer macht dann bei uns vor allem die Drecksarbeit?

Zurück, zurück. Wir haben ja selbst so viele Arbeitslose.

Man kann nicht mehr zurückdrehen.

Ich finde, es ist schon eine Belastung für den Staat, dass wir diese Fremdleute auch noch mit durchbringen müssen.

Annemarie Renger

Es ist natürlich, dass es Spannungen gibt.

Helmut Schmidt

Der Frieden ist nicht gefährdet, aber die Sorge um die Erhaltung des Friedens ist groß.

Wurzeln der Poesie

"... aber es kamen Menschen": Abend mit Liedern und Gedichten aus der Türkei

Renan Demirkan während ihres Nürnberger Programms. Foto: Felix

Er reicht noch nicht, der „Schutzbund für das deutsche Volk". Eine ganz neue Sammlungsbewegung stellte sich vor. Sie nennt sich „Konservative Aktion" und sammelt nicht nur Geld für Präsident Reagans Empfang in der Bundesrepublik. Die Aktion weiß auch, wie man mit der lästigen Ausländerfrage fertig wird. Rückführung. Man sprach bei dieser Gelegenheit gleich den „völlig fremden islamischen Kulturkreis" an. Weniger verklausuliert heißt das: Türken raus.

Wie man doch sehr hellhörig dem strapazierten Volk aufs Maul schaut. Die in Ankara geborene Schauspielerin Renan Demirkan, in Nürnberg engagiert, hat Volkes Meinung zum Auftakt ihres türkischen Abends „... aber es kamen Menschen" über Lautsprecher im O-Ton mitgeliefert. Die Ansichten deckten sich ohne große Variationen mit denen dieser neuen Bünde, die hierzulande schon wieder unverblümt den Rassismus predigen.

Wie weit kann ein künstlerisches Programm wie in den Nürnberger Kammerspielen, wie weit können Lieder und Gedichte aus der Türkei, überhaupt noch dazu beitragen, etwas von diesen Schranken abzubauen? Renan Demirkan, in der Bundesrepublik aufgewachsen und ausgebildet, versucht es ohne Emphase. Sehr deutsch, sehr kühl, man merkt die Lebensschule, von der sie in ihren Gedichten auch spricht.

Es geht in diesem Projekt um „ausländische Arbeitnehmer in der 2. Generation", um die Nachgeborenen also, deren Identitätsverluste am schwersten wiegen. Es ist also in erster Linie eine Frage wachsenden Verständnisses der Deutschen für den „fremden islamischen Kulturkreis". Dafür gibt es keinen besseren Vertreter als den Volksdichter Nazim

Hikmet. Aus der Biographie eines lebenslang Verfolgten entstand sein Werk. Aber die Rezitation allein würde es hier — trotz der vorzüglichen Übertragung — nicht so verständlich machen, wäre da nicht die Musik.

Diese Musik von Tahsin Incirci, Leiter des Türkischen Arbeiterchors in Berlin, setzt Emotionen frei, kann und darf etwas preisgeben von so leicht pervertierbaren Begriffen wie Liebe zur Heimat, Trauer eines unterdrückten Volkes, Erinnerungen an Landschaften und Menschen. Vertonte Poesie, die bei diesem Nürnberger Abend mit der Instrumentalgruppe „Westberliner Freunde" plötzlich Verbindungen herstellte zu Pablo Neruda und Mikis Theodorakis.

So gibt ein Musiker wie Tahsin Incirci den Impuls, den dieses Programm unbedingt braucht, weil mit Erklärungen, Aufforderungen und praktischen Nutzanweisungen der Nerv der deutschen Zuhörer (die ja vornehmlich gemeint sind) kaum getroffen wird. Ein Grund wohl auch, warum Renan Demirkans recht wohllos eingebauten Appelle und Zitate, die Situation junger Türken betreffend, verpuffen mußten. Hikmets Gedichte und Incircis Musik sprechen für sich, Fingerzeige sind eigentlich nicht mehr nötig.

Aber die Initiatorin Demirkan ist die ideale Vermittlerin: Lieder-Texte nicht nur erklären, sondern sie auch verstehbar zu machen, Wurzeln einer anderen Mentalität freizulegen. Das Nürnberger Premierenpublikum reagierte mit Jubel und Bravos. Wenn es der berühmte Kreis war, bei dem man offene Türen einrennt, dann darf man auf das Interesse bei den folgenden Vorstellungen gespannt sein: Am 13. und 20. März und am 11. und 24. April.

INGE RAUH

O-Ton, türkischer Jugendlicher

Die haben so viel Angst, die Deutschen.

Annemarie Renger

Ob wir wirklich für den inneren Frieden sind, zeigt sich darin, wie wir uns auch zu den Ausländern verhalten.

O-Ton, Deutscher

Die Ausländer können wir ja alle naustun. Da schaut's wieder viel besser aus. Weil, die nehm uns ja die ganze Arbeit weg. Der Deutsche ist da nix und der Kanak hat alles, was er kriegt.

Annemarie Renger

Zum inneren Frieden gehört eine gerechte Sozialstruktur, deshalb muss gelten, dass Intoleranz keine Toleranz beanspruchen kann.

O-Ton, türkischer Jugendlicher

Wenn ein Türke Scheiße macht, dann kommen alle dran.

Schauspieler, Pressetext

Innerhalb der zweiten und inzwischen auch dritten Ausländergeneration wächst mittlerweile ein Heer der Unanpassbaren an. Durch mangelnde Integration und Verlust der kulturellen Identität, schlechte Schulausbildung und damit auch geringe Berufsaussichten und hohe Arbeitslosigkeit, Arbeitsverbot und dadurch verordnetes Gammeln, Diskriminierung durch Behörden und Bürger, schlechte Wohnverhältnisse, in eine ohnmächtige Haltlosigkeit gestürzt, suchen immer mehr Jugendliche in der Kriminalität eine erfolgreiche Anpassung.

Schauspielerin, Pressetext

Erschwert wird die Not um die Ausbildungsmöglichkeiten insbesondere durch die Stichtagsregelungen, die

RENAN DEMIRKAN

1955 in Ankara geboren,
seit 1962 in der BRD aufgewachsen.

Renan Demirkan ist Schauspielerin an den Städtischen
Bühnen Nürnberg seit September 1980. Sie hat seitdem fol-
gende Rollen gespielt: Ljudmilla, Rosalinde, Julia, Kay
Sadler, Ilse, Lotte Kilmann, Hure Marie.

TAHSIN INCIRCI

1938 geboren. Ausgebildet als Geiger, Komponist und Chor-
leiter in Ankara, an der Musikakademie Detmold und an der
Staatlichen Hochschule für Musik Berlin-West (Abschluß
1969).

1970-72 Orchestermitglied der Staatlichen Oper und des
Rundfunk-Kammerorchesters in Istanbul.

1973 kehrte er nach Westberlin zurück; dort gründete er
den Türkischen Arbeiterchor und veröffentlichte seine
"23 Violin-Duos" beim Lienau-Verlag Berlin.

Er komponierte viele Lieder für den Chor und größere
Werke wie "Epos vom Scheich Bedreddin" nach dem Text
von Nazim Hikmet.

Er wurde in der Türkei als Komponist politischer Lieder
bekannt.

Tahsin Incirci verwendet in seiner Musik europäische
Kompositionstechniken sowohl in der Harmonik als auch
bei der Instrumentation. Er bringt das "Türkische" dem
"europäischen" Gehör näher, opfert aber die spezifischen
Elemente nicht.

INSTRUMENTALGRUPPE
"WESTBERLINER FREUNDE"

Die Gruppe hat sich an der Seite des Türkischen Arbeiterchors Westberlin herausgebildet, von Anfang an waren es
hauptsächlich deutsche Amateur- und Berufsmusiker. Jetzt
besteht die Gruppe aus: Tahsin Incirci (viol, voc),
Bernhard Jirku (fl), Johannes Krauss (p), Dieter Moritz
(cello) und Willi Uebach (dr). Für alle waren Melodie-
führung und vor allem der Rhythmus anfangs völlig unge-
wohnt, aber alle waren nach kurzer Zeit fasziniert. Mit
dem Kennenlernen der türkischen Kollegen und der Freude
an der Musik kamen schnell auch das Verständnis für die
schwierige Situation der Türken und das Engagement für
eine grundlegende Änderung der Lage der Ausländer.
Michael Deltz (cl), Mitglied des Philharmonischen Orche-
sters der Stadt Nürnberg, der früher selbst einmal als
Soloklarinettist an der Staatlichen Oper in Istanbul
engagiert war, hat sich für die Nürnberger Aufführungen
dazugesellt.

die Massenarbeitslosigkeit bei türkischen Jugendlichen geradezu produziert.

Politiker 1

Ein Wort möchte ich auch an unsere ausländischen Mitbürger hier bei uns im Lande richten: Wir danken Ihnen für das, was sie leisten.

O-Ton, Ausländer

Es schimpfen sehr viele.

O-Ton, Deutsche

Ich würde vorschlagen, dass man die Leute langsam wieder heimschickt, also sie nur auf Zeit befristet bei uns arbeiten lässt und wieder nach Hause schickt.

Politiker 1

Unsere deutschen Mitbürger bitte ich, den bei uns lebenden Ausländern aufgeschlossen und hilfsbereit zu begegnen.

Helmut Schmidt

Ich appelliere an Ihre Einsicht.

O-Ton, Grieche

Wenn wir jetzt in eine Diskothek reinkommen, da heißt es Ausländer unerwünscht.

Schauspieler, Pressetext

Die Lage der Ausländer in der BRD gleicht der Situation von Minderheiten in den USA auf verzweifelte Weise. Missachtet, chancenlos, schlechter behandelt und ausgenutzt, leben sie in einer Gesellschaft, die vermeintlich jedem eine Chance bietet. Doch durch Sprache, Konfession, Aussehen und Ausbildung unterscheiden sie sich deutlich von Deutschen. Sie bleiben Minorität, sie bleiben Unterschicht.

O-Ton, Ausländer

Ich möchte auch nicht zurückkehren.

Annemarie Renger

Es ist natürlich, dass es Spannungen gibt.

Politiker 1

Wir bitten sie aber auch um Verständnis dafür, dass wir unsere Grenzen nicht unbeschränkt für weiteren Zugang öffnen können.

O-Ton, Deutsche

Zurück, zurück. Wir haben ja selbst so viele Arbeitslose.

Schauspieler, Pressetext

Der große Wert der Ausländerbeschäftigung liegt darin, dass wir hiermit über ein mobiles Arbeitskräftepotenzial verfügen.

Schauspielerin, Pressetext

FDP-Generalsekretär Verheugen setzte sich am Donnerstag für eine radikale Umkehr in der Ausländerpolitik ein. Er forderte, den ausländischen Arbeitnehmern, die auf Dauer hier bleiben wollen, und den Ausländern der zweiten Generation auf jeden Fall den Erwerb der deutschen Staatsangehörigkeit zu erleichtern.

Politiker 2

Wer nur in seiner Muttersprache ausgebildet ist, wer das Deutsche nur mangelhaft beherrscht, wer auch sonst sich im deutschen Leben nicht richtig zurechtfindet, weil er in einer Art Isolation erzogen worden ist, der hat keine oder so gut wie keine Chance, einen Berufsbildungsplatz zu bekommen.

Willy Brandt

Qualitativ neue Probleme verlangen auch nach neuen inhaltlichen Antworten.

Politiker 2

Integration so früh wie möglich. Möglichst schon im Kindergarten.

O-Ton, Deutsche

Ja, ich weiß nicht, die ganze Familie haben sie da oder lassen sie nachkommen. Weiß nicht, ob das grade so hundertprozent richtig ist. Sicher warn wir froh, sie machen viel die Arbeit bei der Müllabfuhr und so, wo vielleicht von uns die Wenigsten begeistert sind. Aber es laufen da schon viele rum, die abgeschoben gehören.

Helmut Schmidt

Bewahren Sie sich Ihren Mut und Ihr Selbstvertrauen.

O-Ton, Deutscher

Es sind zu viele. Und wenn das so weitergeht, haben wir dann in zehn Jahren, haben wir mehr Gastarbeiter hier als Deutsche.

Hans-Jochen Vogel

Wir alle haben Ende der fünfziger Jahre und in den sechziger Jahren bis Anfang der siebziger Jahre Millionen von Ausländern zu uns im Wege der Werbung geholt, im Wege der Anwerbestellen. Wir haben sie geholt, weil wir der Meinung waren, dass unser materieller Wohlstand auf diese Weise rascher steigen würde. Das war doch wohl das ehrliche und ausschlaggebende Motiv.

O-Ton, türkischer Jugendlicher

Ich will nicht zurück, aber mein Vater, meine Mutter, wollen zurückkehren.

Annemarie Renger

Die Aufgabe, die Kinder der von uns gerufenen ausländischen Arbeitnehmer zu integrieren, ist erkannt. Wird sie wirklich ernst genommen? Man muss es fragen. Das ist nicht nur eine Frage an den Staat, sondern vor allem an die Bürger unseres Landes.

Politiker 3

Wer diesen Sprengstoff nicht sieht, der sich hier ansammelt, dem werden eines Tages die Brocken um die Ohren fliegen.

O-Ton, Ausländer

Ich möchte auch nicht zurückkehren.

Schauspielerin, Pressetext

Gut sieben Prozent der Bevölkerung sind Ausländer, rund eine Millionen Ausländer unter 16 Jahren besuchen derzeit deutsche Schulen. Mit der Abgrenzungspolitik wird dann nur die Wut auf beiden Seiten geschürt.

Annemarie Renger

Ich warne deshalb vor dem Zündeln mit dem Feuer.

Schauspieler-Chor

Rausschmeißen, Integration, Rausschmeißen, Integration, Rausschmeißen, Integration ...

Renan Demirkan, Gedicht: Heimatlos

Als ich nichts verstehend sie anstarrte
schnitten sie Grimassen
Zuerst musste ich lachen
Bald war ich erschrocken –
danach, hab ich nur noch geweint

Als ich ihre Sprache verstand
schnitten ihre Worte mir die Kehle durch

Wie gern wär ich groß, blond und blauäugig gewesen!

Als ich in ihrer Sprache antworten konnte
lächelten sie zunächst gütig
dann verbissen freundlich
dann irritiert beobachtend

Als ich in ihrer Sprache handeln konnte
lächelten sie immer noch:
eine Exotin –
ein Kolibri des Nahen Ostens

Nun bin ich lange hier
lange weg von dort

Heimatlos

Editorische Notiz

Dieser Band versammelt Texte aus 33 Jahren, die für verschiedene Anlässe geschrieben und in unterschiedlichen Formen und Medien publiziert wurden, überwiegend als gesprochenes Wort bei Veranstaltungen oder auf der Theaterbühne. In gedruckter Form werden sie hier mehrheitlich erstmals veröffentlicht. *Zuhause in der Zukunft* wurde eigens für diesen Band geschrieben.

Alle Texte, insbesondere Reden und Vorträge, wurden überarbeitet, ihre wesentlichen Inhalte und Aussagen sind gegenüber dem seinerzeit gesprochenen Wort unverändert geblieben.